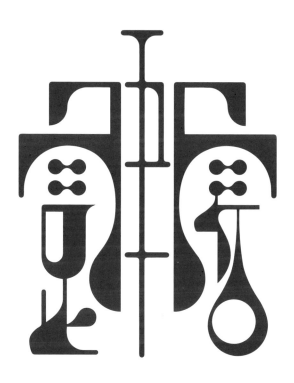

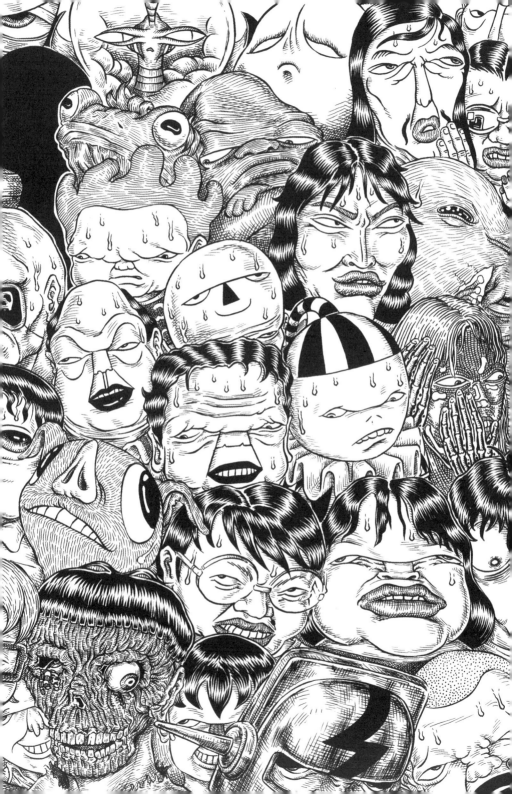

序

「喂！Chris！又一個人呀！係喎！你都無朋友嘅～哈哈哈～～～」

我想：「唔係喎，其實我真係有好多…」

不知是否因為工作後遺症，當停下來，在日常生活中，腦面總是出現形形式式絮絮叨叨的聲音，有的講述著南轅北轍的點子、奇怪的想法、沒有內容的細碎片段。

漸漸地習以為常，漸漸地對此「聲音」有所反應，漸漸開始感覺到好像「不同的朋友」對我講那些有趣事情。總覺得應該為「這些朋友」做一點事，或者想給「他們」一個真實存在的證據，所以就決定開始努力地將「他們」的內容紀錄下來，給「他們」一個身份吧！

藉此也介紹介給我身邊的人，「我有很多很多的朋友」啊～～

紀錄下來又用什麼方法好呢？

文字，自問是一個文盲加讀寫障礙人仕，這個方法完全不能……

那就用圖畫方式吧！但又對畫漫畫真的一曉不通，連鋼筆、雲尺是如何便用都全不了解，也許這是唯一方式我比較有信心一試的！

到最後，日以繼夜地畫，過程十分十分十分艱苦，由不懂鋼筆的用法，至略懂如何操作、有一萬次想放棄念頭、怎去畫都不像漫畫的沮喪感覺、不時間自己究竟在做什麼？就是在這情況下，過了差不多年半至兩年，最終，完成了。

當中粗糙的畫功，希望大家見諒。

最後，此書介紹我其中五十位「朋友」給各位讀者認識，希望當中會有一位朋友你們會喜歡。

謝謝。

Chris
2023 年 6 月 18 日

TABLE OF CONTENT
目錄

0

知己皮皮	8
一口豬	14
世上最無價值的東西	18
作法	22
大書包	26
天神的寶石	30
小王 AND 阿元	34
父親節快樂	38
迷路	42
秀茂坪 長腿叔叔	46

10

情聖小峰	52
DNA	56
陰陽眼	62
重酬	66
顧形自憐	70
秒秒都要望住你	76
秘密武器	80
媽媽的愛	84
咕咕鳥	90
機械臂 文仔	94
派傳單	98

30

上班族	104
惡夢	108
天生我才必有用	112
好彩	116
心靈相通	120

日求三餐 夜求一宿　124
比利的好奇　128
沙膽超　132
騙子　136
鬼臉　140

50

鯖魚小情人　146
等多陣　150
小偷阿成　154
易服癖　160
烹夫　162
時運高　166
唔化　170
衛C理 之 看更　172
請簽收　176

50^

老人與狗　182
至死方休 劍廿三　186
主與僕　192
信念婆婆　196
再見　200
食物人爺爺　204

?

我真係好餓　210
時晨到　212
泥膠先生　216
追夢的臘腸狗　220
阿魂　224

0

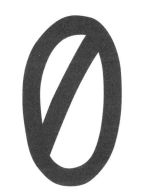

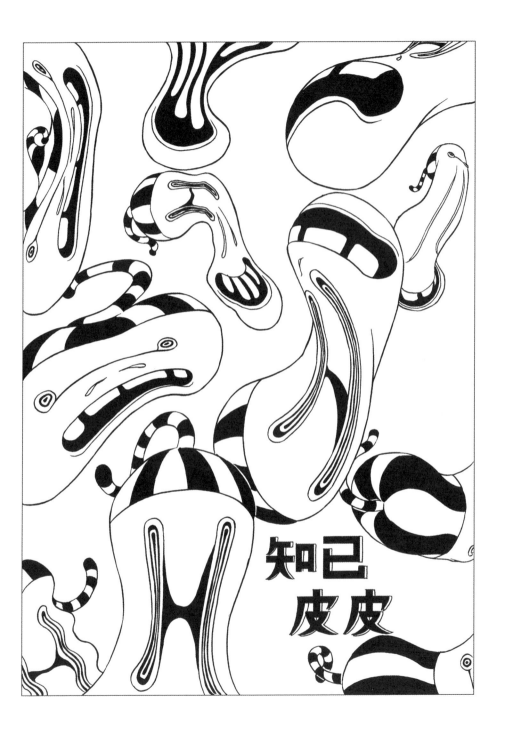

知己
皮皮

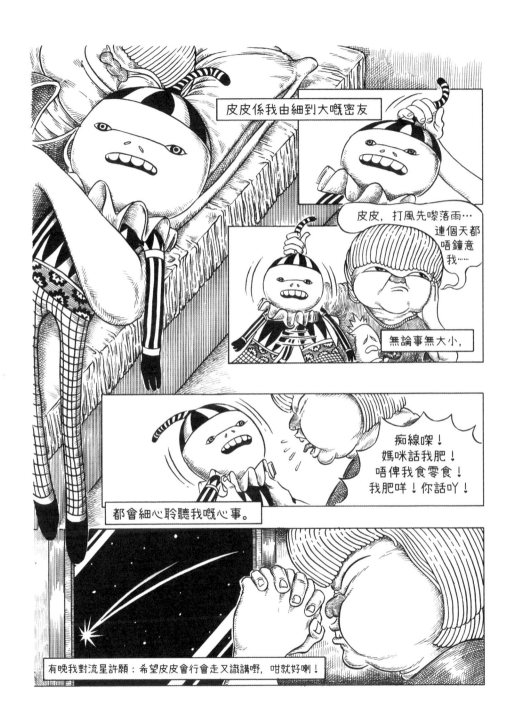

終於願望成真……皮皮真係會行會走會講嘢……

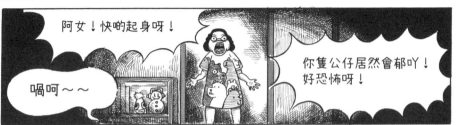

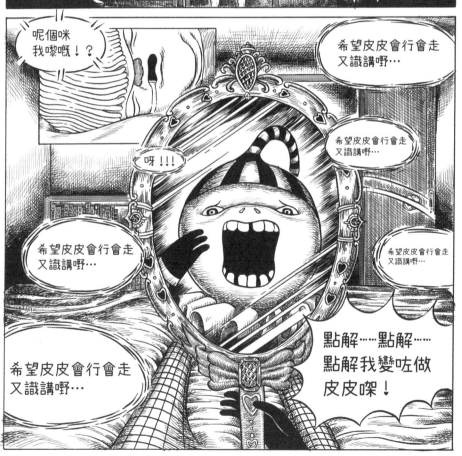

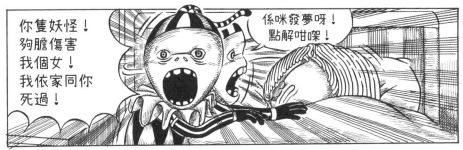

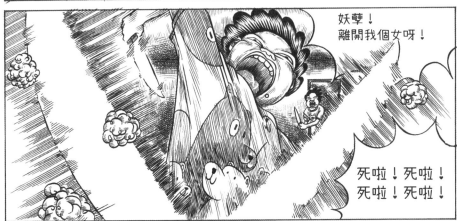

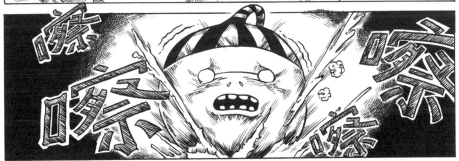

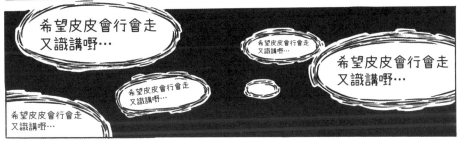

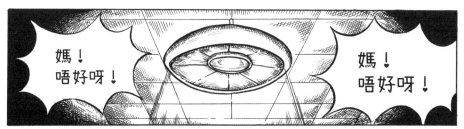

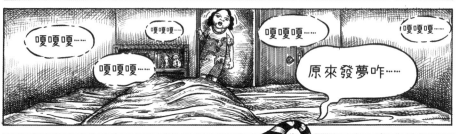

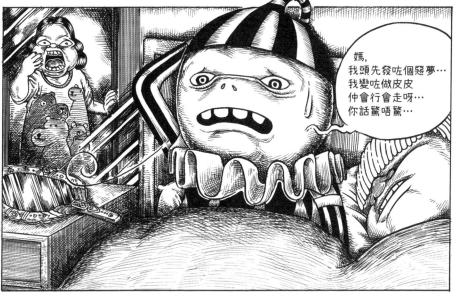

阿女快啲起身呀！
你隻公仔居然會郁呀！

細個嗰陣，你會想最喜歡嘅公仔或者玩具，

自己識得郁，會同自己傾偈交流……

而家大個咗，仲會想一個識得郁嘅公仔嗎？

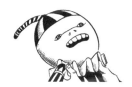

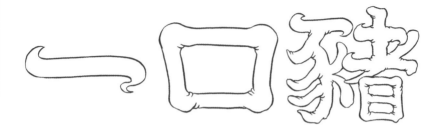

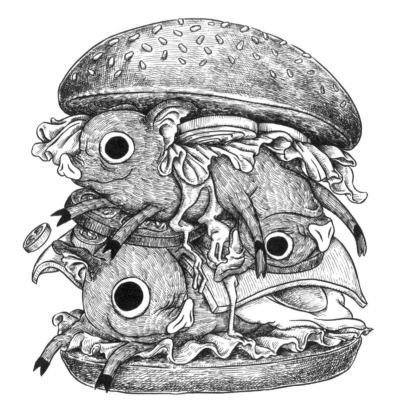

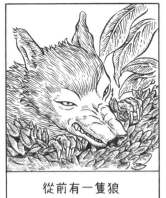

從前有一隻狼

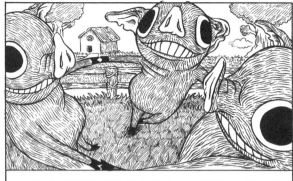

一直虎視眈眈咁等機會想食咗三隻肥美嘅小豬

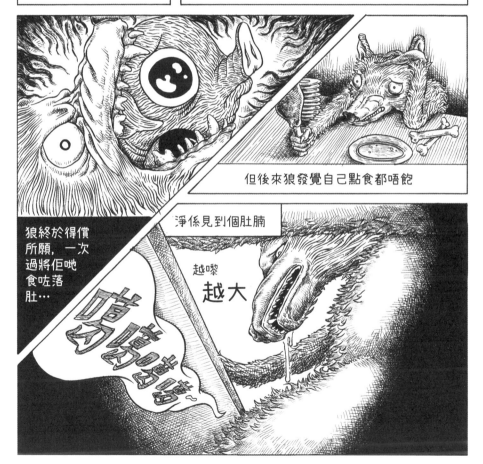

但後來狼發覺自己點食都唔飽

狼終於得償所願,一次過將佢哋食咗落肚⋯

淨係見到個肚腩

越嚟越大

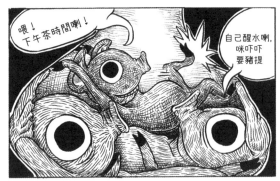

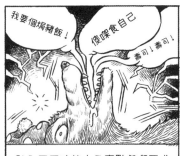

肚入面不時傳來外賣點餐嘅要求

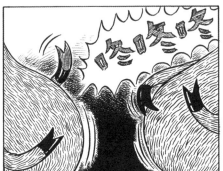

半夜仲會傳出陣陣歡樂嘅歌聲……

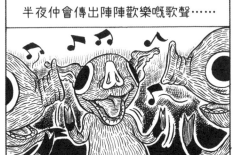

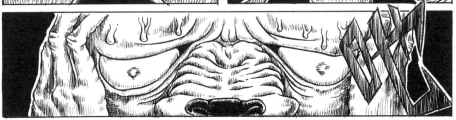

就係咁,三隻小肥豬從此就每日
過住快快樂樂不勞而獲嘅生活了。

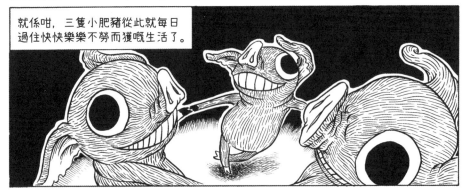

《三隻小豬》有好多個唔同版本。

有狼贏咗嘅，亦有三隻小豬贏咗嘅；

但應該冇俾人食咗落肚，先至係贏嘅一個。

呢個算係 Happy EndIng 嗎？

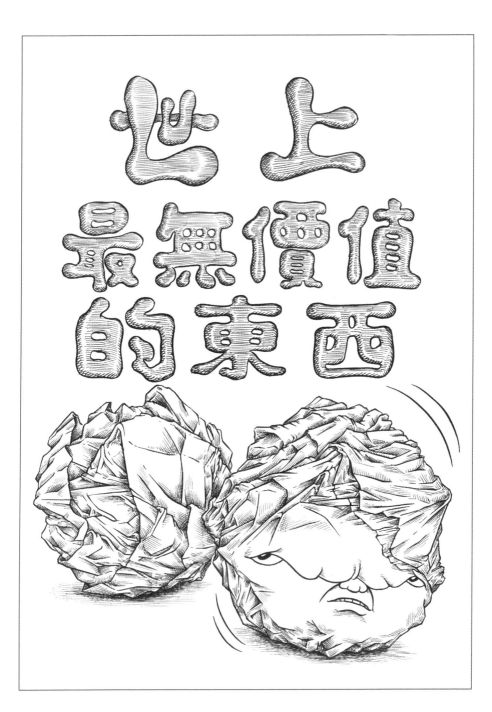

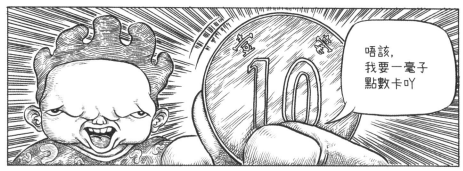

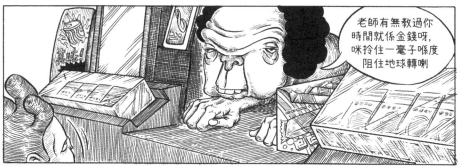

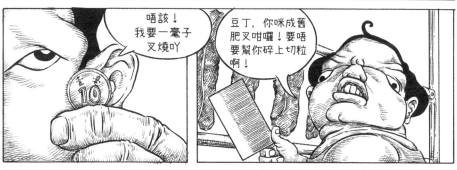

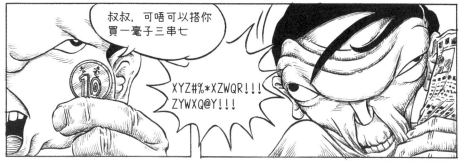

世上最無價值的東西

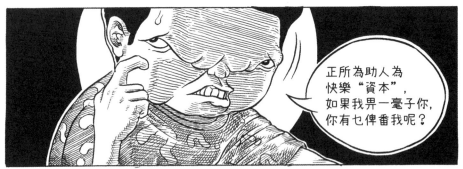

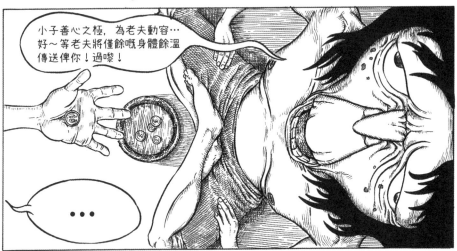

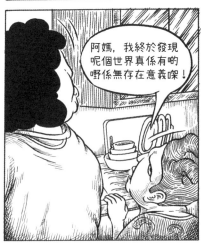

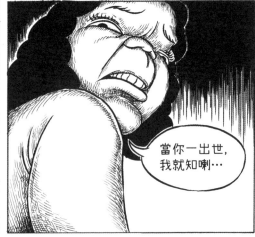

通脹幾犀利？

而家唔好話一毫子，

一蚊都唔知可以買到也……

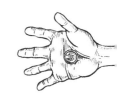

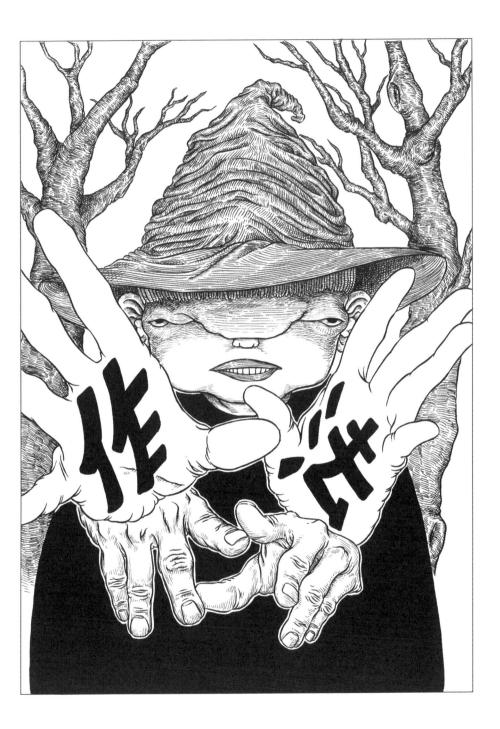

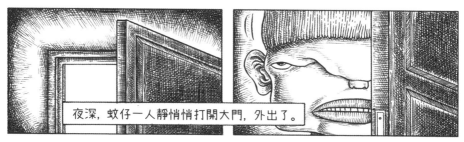

夜深，蚊仔一人靜悄悄打開大門，外出了。

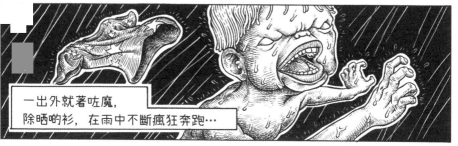

一出外就著咗魔，
除晒啲衫，在雨中不斷瘋狂奔跑…

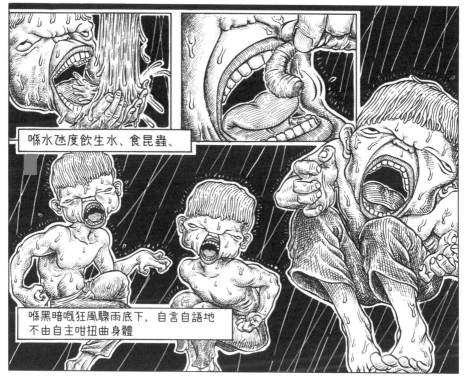

喺水氹度飲生水、食昆蟲、

喺黑暗嘅狂風驟雨底下，自言自語地
不由自主咁扭曲身體

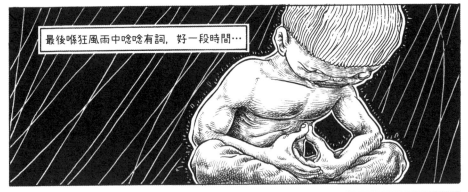

最後喺狂風雨中唸唸有詞，好一段時間…

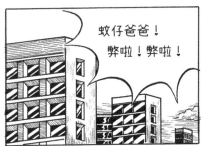

蚊仔爸爸！弊啦！弊啦！

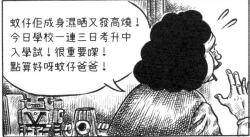

蚊仔佢成身濕晒又發高燒！今日學校一連三日考升中入學試！很重要㗎！點算好呀蚊仔爸爸！

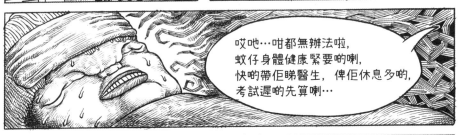

哎吔…咁都無辦法啦，蚊仔身體健康緊要嘅喇，快啲帶佢睇醫生，俾佢休息多啲，考試遲啲先算喇…

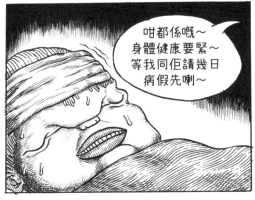

咁都係嘅～身體健康要緊～等我同佢請幾日病假先喇～

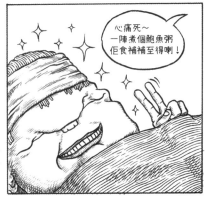

心痛死～一陣煮個鮑魚粥俾佢食補至得喇！

講！即刻答！

細個有冇試過？

試過幾多次？

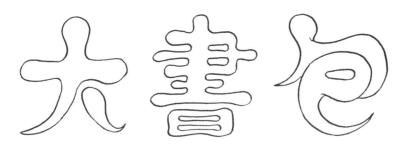

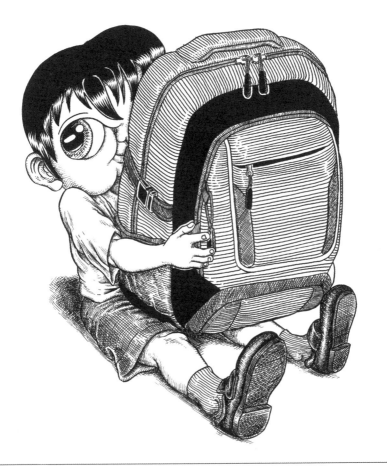

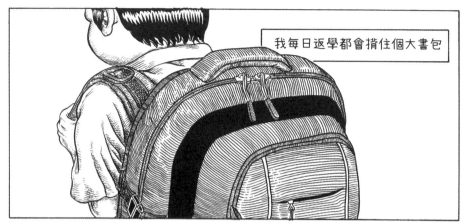

我每日返學都會揹住個大書包

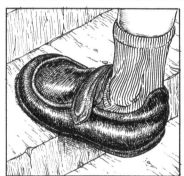

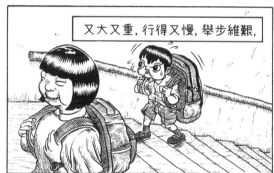

又大又重, 行得又慢, 舉步維艱,

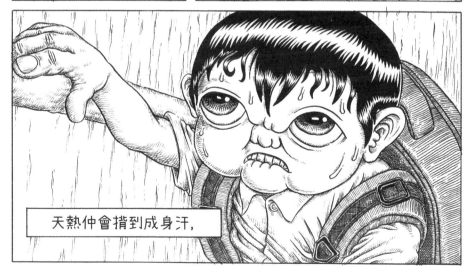

天熱仲會揹到成身汗,

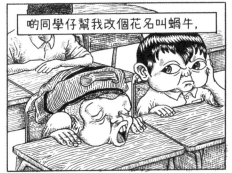

啲同學仔幫我改個花名叫蝸牛，

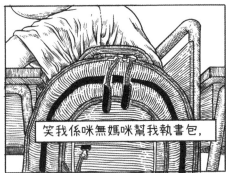

笑我係咪無媽咪幫我執書包，

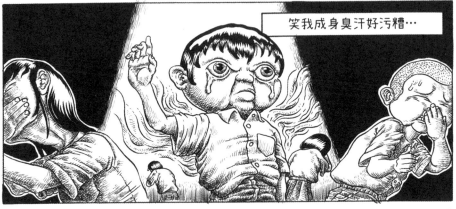

笑我成身臭汗好污糟…

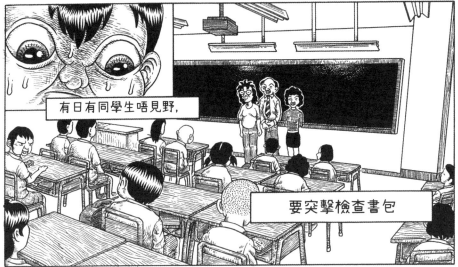

有日有同學生唔見野，

要突擊檢查書包

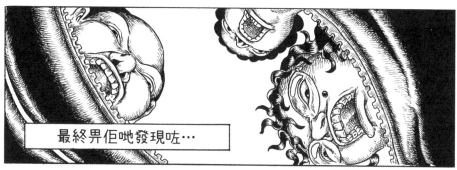

最終畀佢哋發現咗…

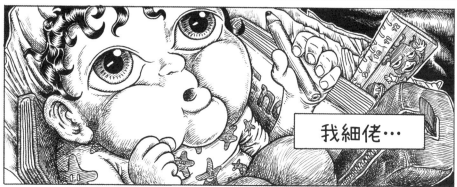

我細佬…

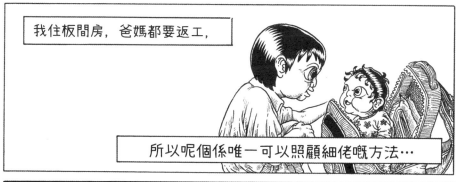

我住板間房，爸媽都要返工，

所以呢個係唯一可以照顧細佬嘅方法…

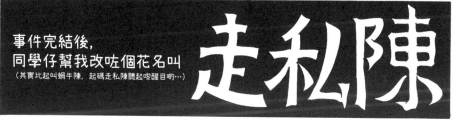

事件完結後，
同學仔幫我改咗個花名叫
（其實比起叫蝸牛陳，起碼走私陳聽起嚟醒目啲…）

走私陳

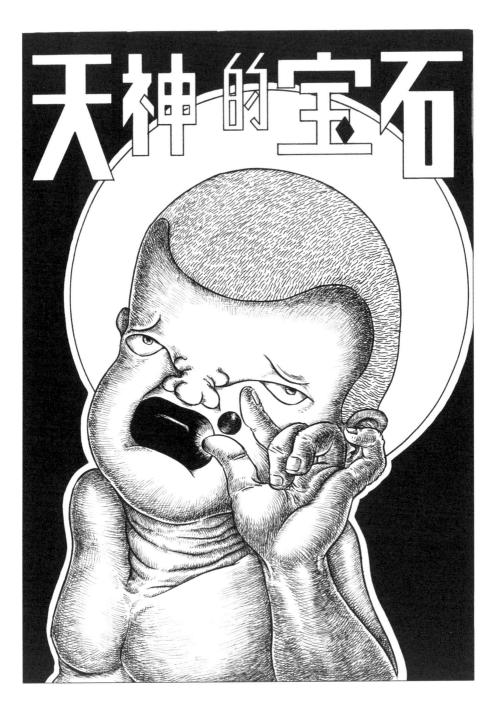

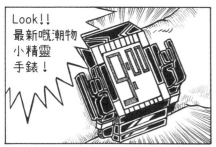

Look!!
最新嘅潮物
小精靈
手錶!

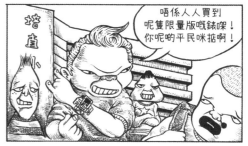

唔係人人買到
呢隻限量版嘅錶㗎!
你呢啲平民咪掂啊!

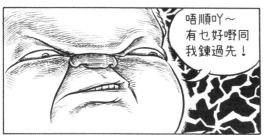

唔順吖~
有乜好嘢同
我鍊過先!

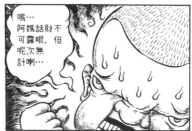

嗚…
阿媽話財不
可露眼,但
呢次無
計喇…

今日就俾你哋
開開眼界喇!
上天下凡!
地上唯一最強!

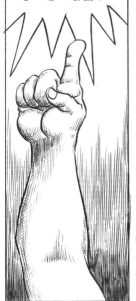

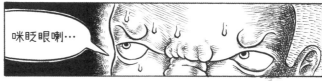

咪眨眼喇…

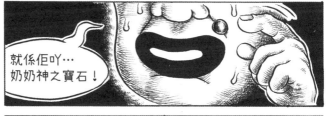

就係佢吖…
奶奶神之寶石!

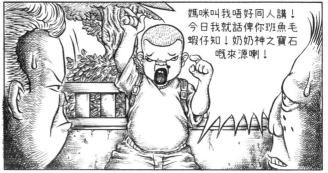

媽咪叫我唔好同人講!
今日我就話俾你班魚毛
蝦仔知!奶奶神之寶石
嘅來源喇!

天神的寶石

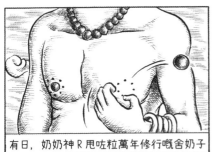

有日，奶奶神R甩咗粒萬年修行嘅舍奶子

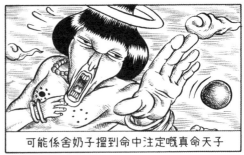

可能係舍奶子搵到命中注定嘅真命天子

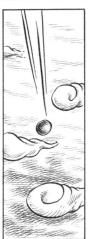

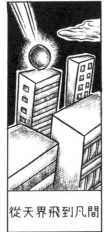

從天界飛到凡間

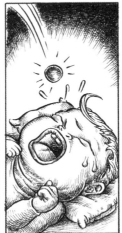

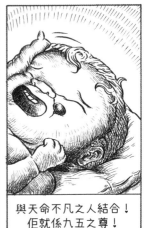

與天命不凡之人結合！
佢就係九五之尊！

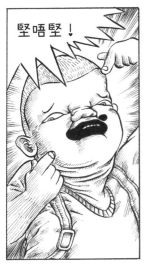

堅唔堅！

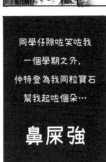

同學仔除咗笑咗我
一個學期之外，
仲特登為我同粒寶石
幫我起咗個朵…

鼻屎強

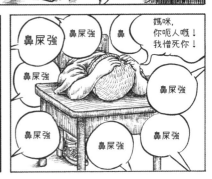

粒墨都吹到咁大……

鼻屎強　鼻屎強　鼻

鼻屎強

鼻屎強

媽咪，
你呃人嘅！
我憎死你！

鼻屎強

鼻屎強

鼻屎強　鼻屎強

想當年，「鼻屎強」呢個名就同
四眼華、沙膽強、佷雞英、傻仔輝
一樣咁 common。

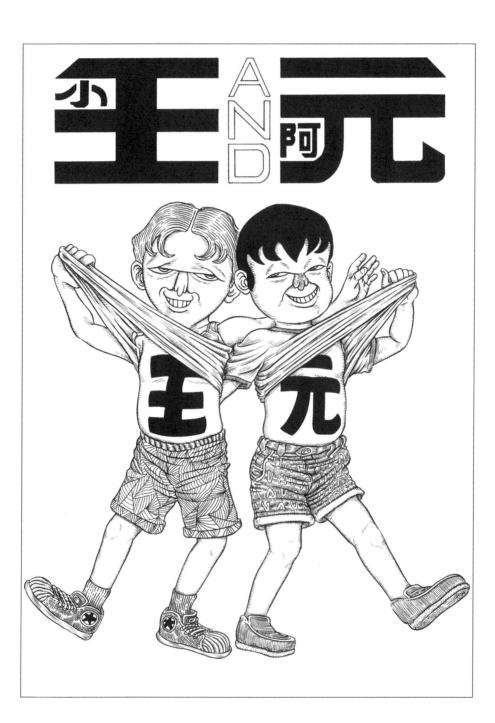

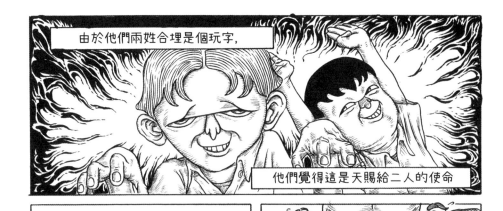

由於他們兩姓合埋是個玩字,

他們覺得這是天賜給二人的使命

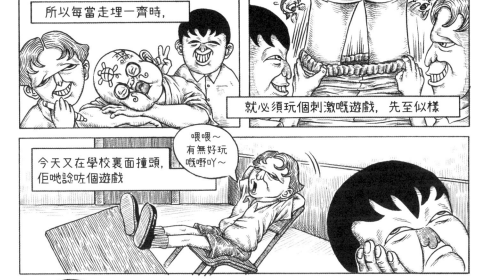

所以每當走埋一齊時,

就必須玩個刺激嘅遊戲, 先至似樣

今天又在學校裏面撞頭, 佢哋諗咗個遊戲

喂喂～有無好玩嘅嘢吖～

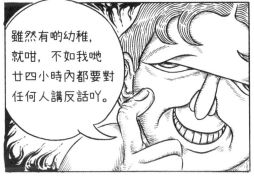

雖然有啲幼稚, 就咁, 不如我哋廿四小時內都要對任何人講反話吖。

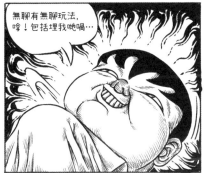

無聊有無聊玩法, 哈! 包括埋我哋喎…

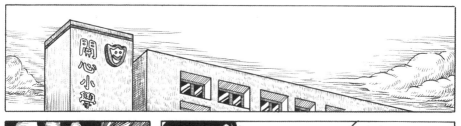

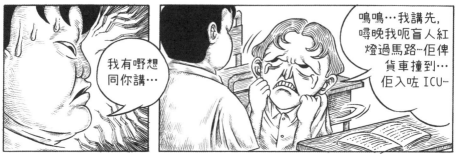

我有嘢想同你講…

嗚嗚…我講先，噚晚我呃盲人紅燈過馬路…佢俾貨車撞到…佢入咗 ICU…

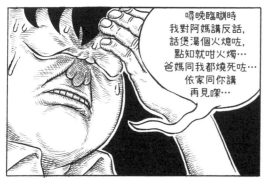

噚晚臨瞓時我對阿媽講反話，話煲湯個火熄咗，點知就咁火燭…爸媽同我都燒死咗…依家同你講再見喋…

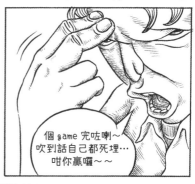

個 game 完咗喇～吹到話自己都死埋…咁你贏囉～～

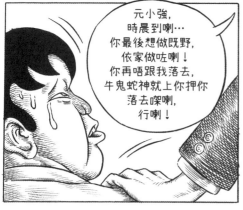

元小強，時晨到喇…你最後想做嘅野，依家做咗喇！你再唔跟我落去，牛鬼蛇神就上你押你落去喋喇，行喇！

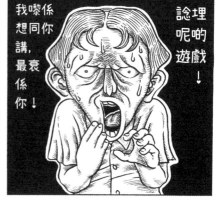

我嚟係想同你講，最衰係你！

諗埋呢啲遊戲！

迷離世界、

夜半奇談、

陰陽路、

恐怖熱線、

七月十四

⋮

邊套最深刻？

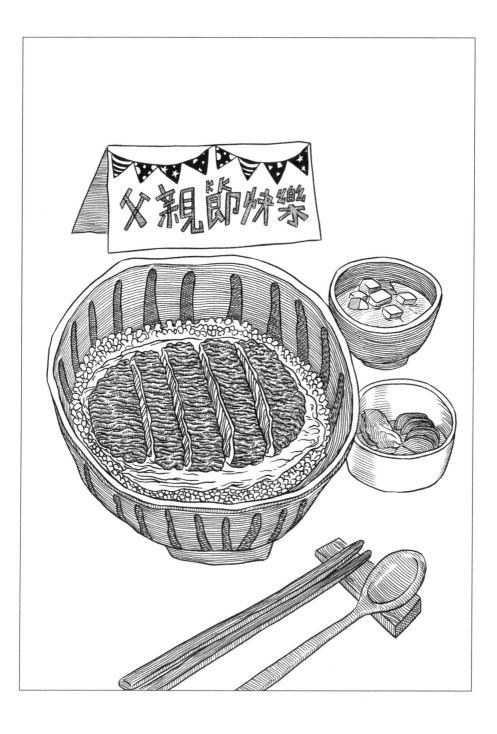

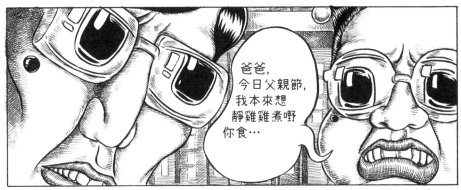

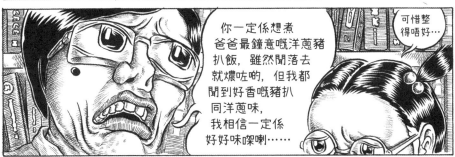

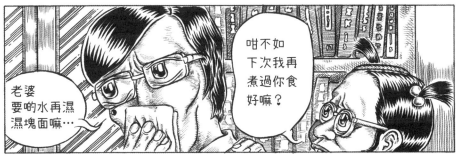

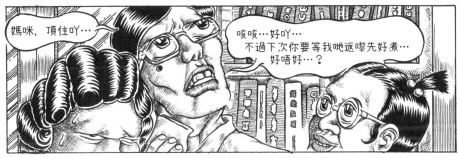

父親節快樂

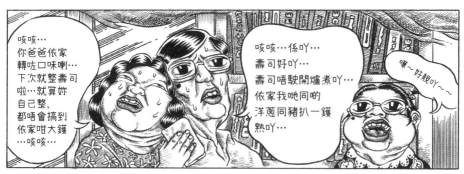

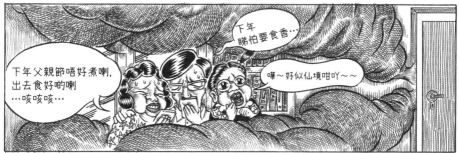

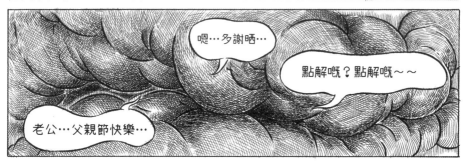

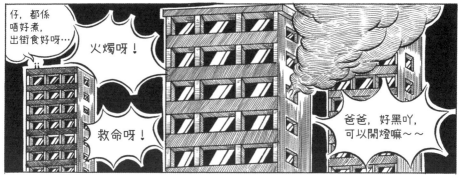

明白點解而家兩餸飯受歡迎啦？

迷路

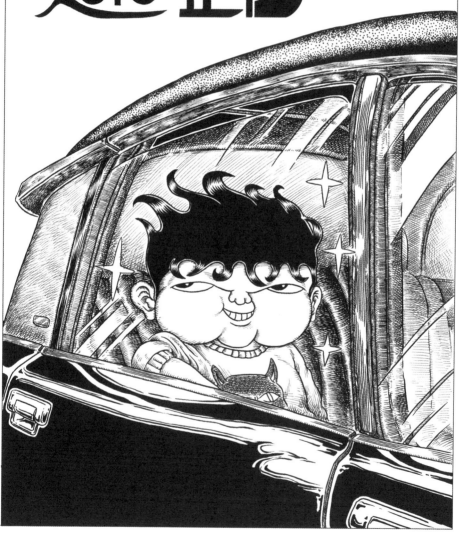

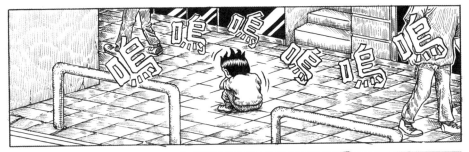

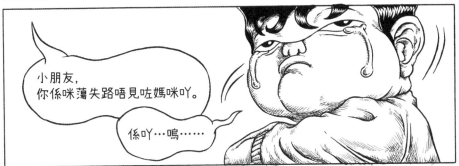

小朋友,
你係咪蕩失路唔見咗媽咪吖。

係吖…嗚……

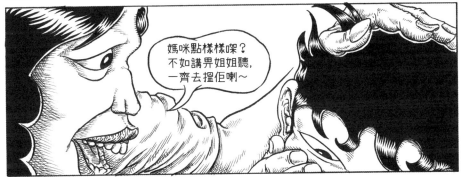

媽咪點樣樣㗎?
不如講畀姐姐聽,
一齊去搵佢喇~

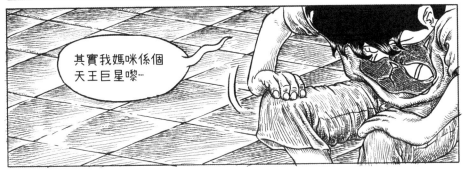

其實我媽咪係個
天王巨星嚟…

迷路

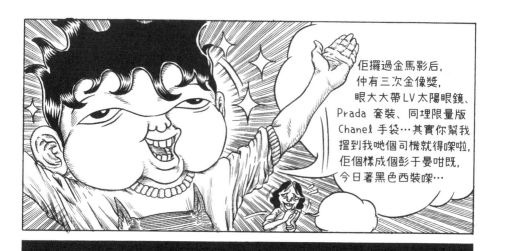

佢攞過金馬影后，
仲有三次金像獎，
眼大大帶LV太陽眼鏡、
Prada 套裝、同埋限量版
Chanel 手袋…其實你幫我
搵到我哋個司機就得㗎啦，
佢個樣成個彭于晏咁既，
今日著黑色西裝㗎…

喂！明仔少爺！

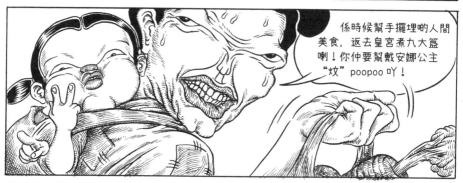

係時候幫手攞埋啲人間
美食，返去皇宮煮九大籃
喇！你仲要幫戴安娜公主
"炆"poopoo吖！

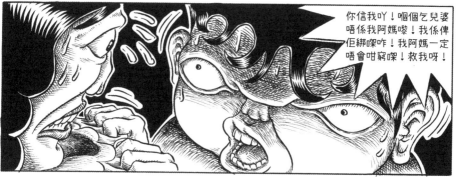

你信我吖！嗰個乞兒婆
唔係我阿媽嚟！我係俾
佢綁㗎咋！我阿媽一定
唔會咁窮㗎！救我呀！

其實有唔少同學話自己識邊個識嗰個，

最後先發現原來係同學嘅朋友嘅朋友嘅朋友……

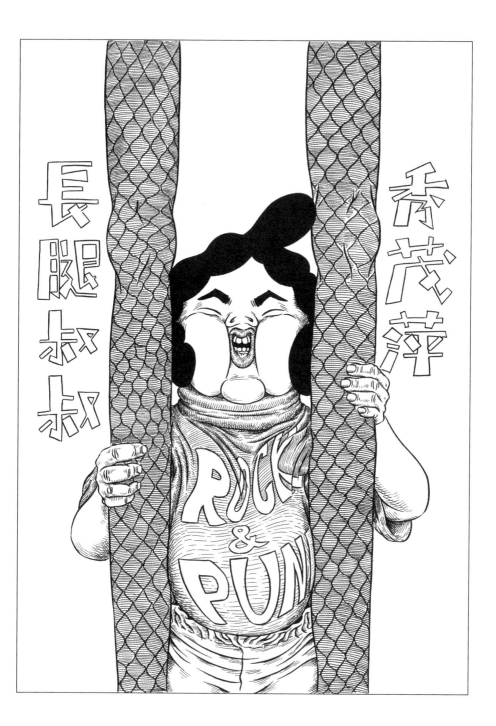

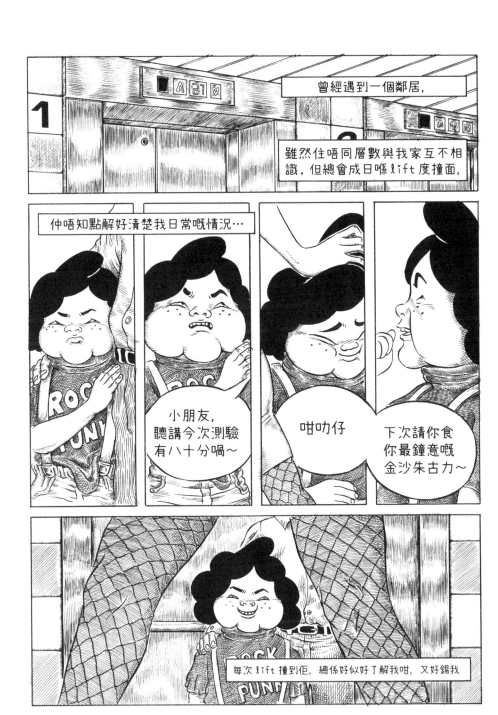

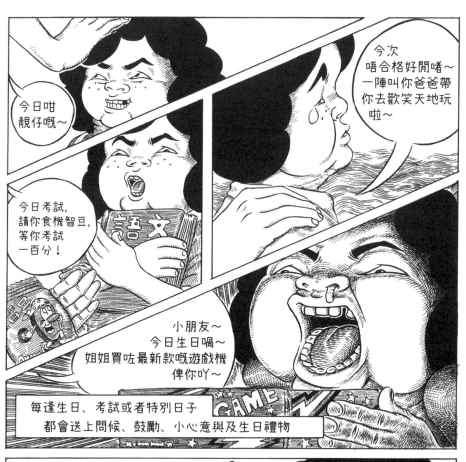

今日咁
靓仔嘅～

今次
唔合格好閒啫～
一陣叫你爸爸帶
你去歡笑天地玩
啦～

今日考試,
請你食機智豆,
等你考試
一百分！

小朋友～
今日生日喎～
姐姐買咗最新款嘅遊戲機
俾你吖～

每逢生日、考試或者特別日子
都會送上問候、鼓勵、小心意與及生日禮物

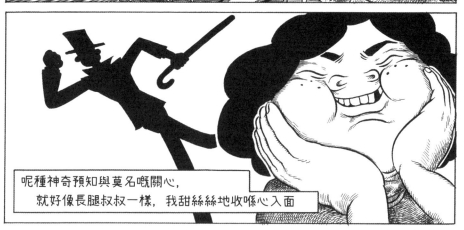

呢種神奇預知與莫名嘅關心,
就好像長腿叔叔一樣,我甜絲絲地收喺心入面

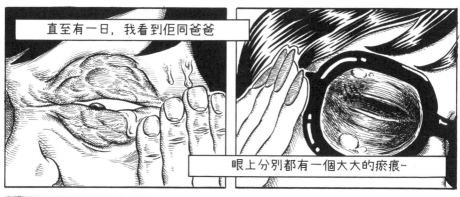

直至有一日，我看到佢同爸爸

眼上分別都有一個大大的瘀痕…

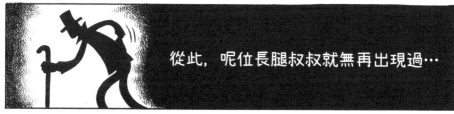

從此，呢位長腿叔叔就無再出現過…

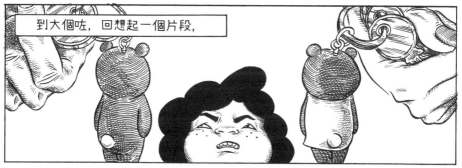

到大個咗，回想起一個片段，

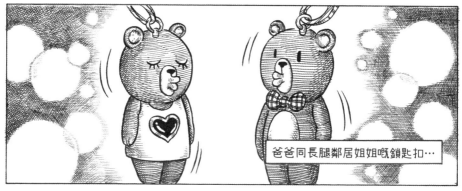

爸爸同長腿鄰居姐姐嘅鎖匙扣…

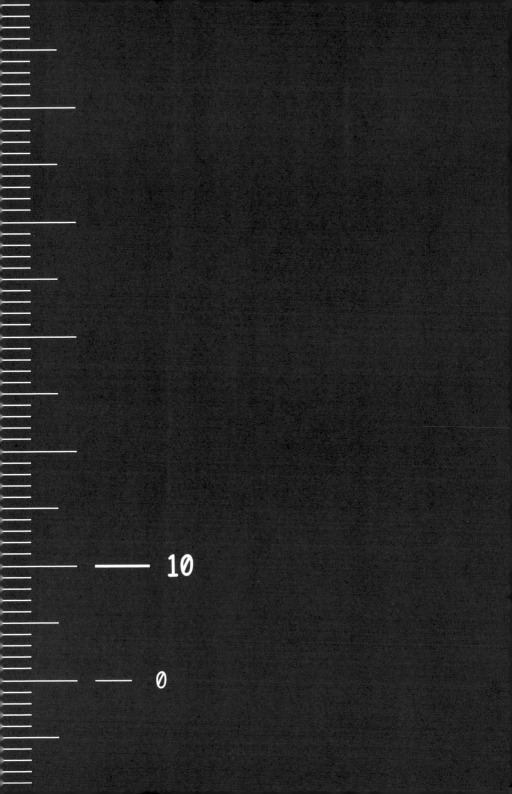

10

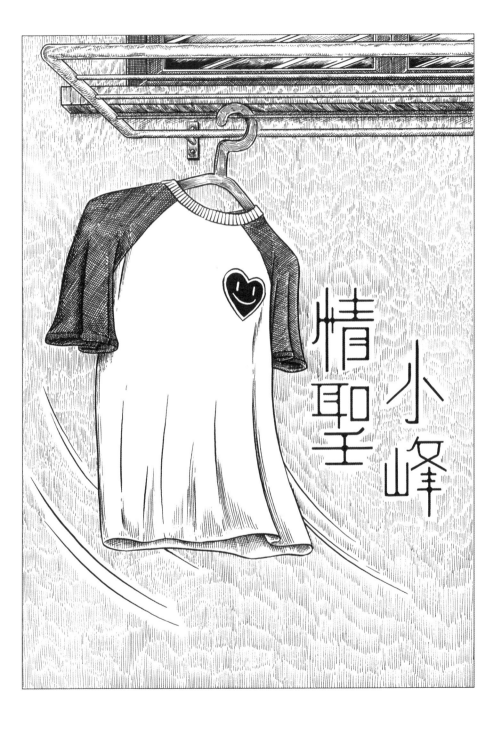

情聖 小峰

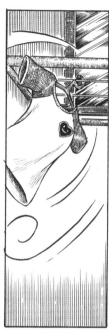
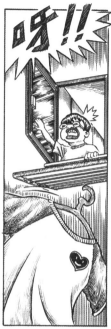
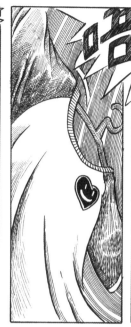
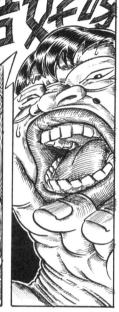

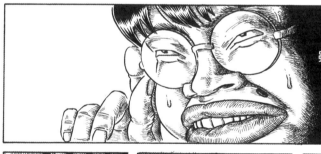

大鑊喇⋯⋯呢件係珠女
第一次送俾我嘅禮物,
雖然我未對佢真情剖白,
但件衫嘅心型圖案,
已講出珠女嘅心意,
咁寶貴嘅定情信物,
我唔可以唔見㗎!

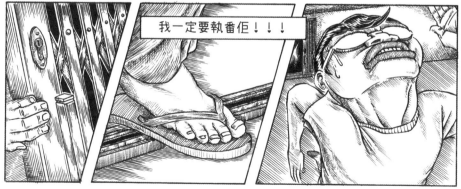

我一定要執番佢!!!

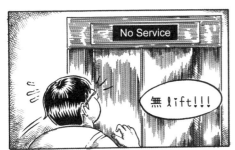

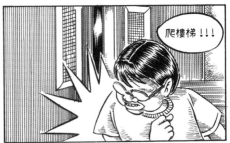

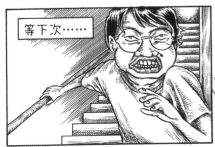

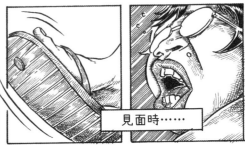

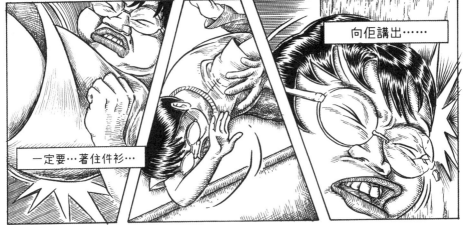

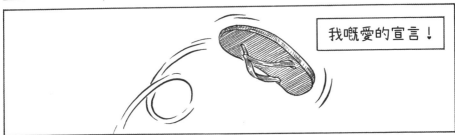

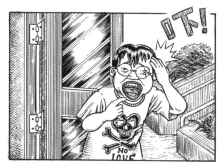

ITO̤!

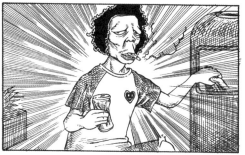

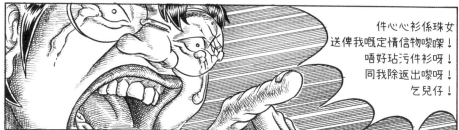

件心心衫係珠女
送俾我嘅定情信物嚟㗎！
唔好玷污件衫呀！
同我除返出嚟呀！
乞兒仔！

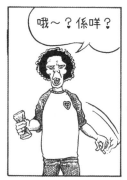

哦～？係咩？

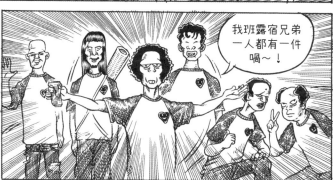

我班露宿兄弟
一人都有一件
喎～！

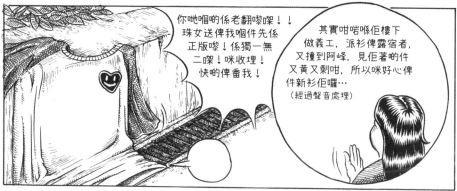

你哋嗰啲係老翻嚟㗎！！
珠女送俾我嗰件先係
正版嚟！係獨一無
二㗎！咪收埋！
快啲俾番我！

其實咁啱喺佢樓下
做義工，派衫俾露宿者，
又撞到阿峰，見佢著啲件
又黃又剩咁，所以咪好心俾
件新衫佢囉…
（經過聲音處理）

情聖小峰

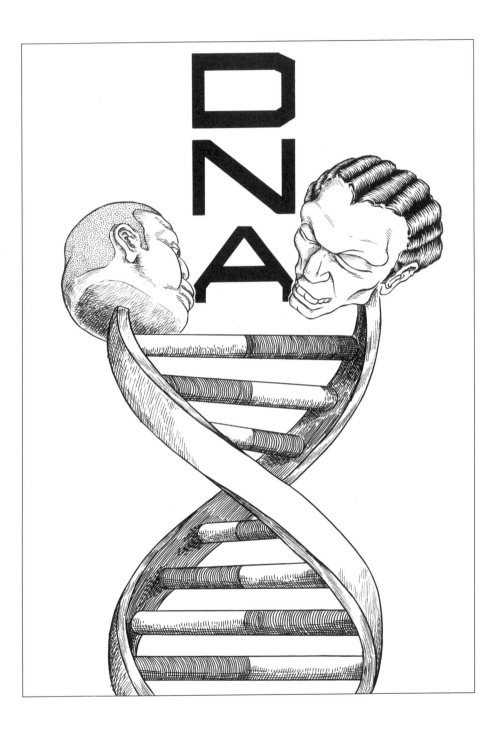

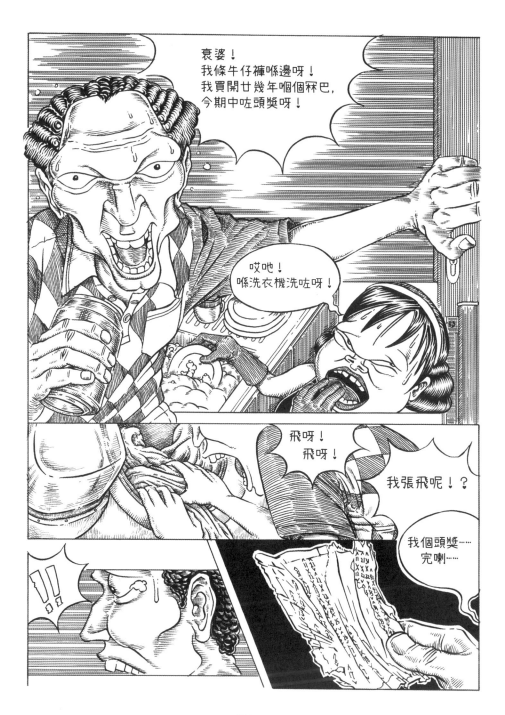

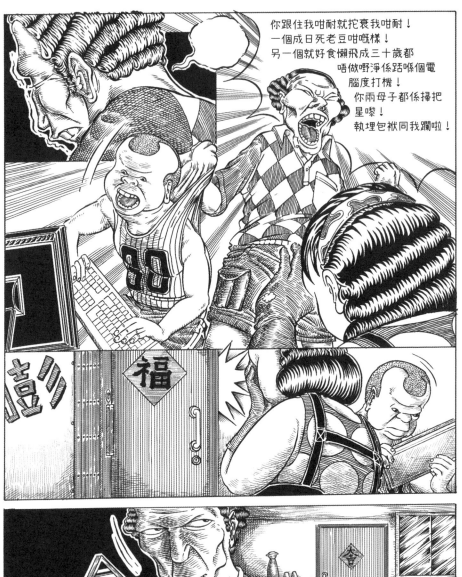

你跟住我咁耐就拓衰我咁耐!
一個成日死老豆咁嘅樣!
另一個就好食懶飛成三十歲都
　　　唔做野淨係踎喺個電
　　　腦度打機!
　　　你兩母子都係掃把
　　　星嚟!
　　　執埋包袱同我躝啦!

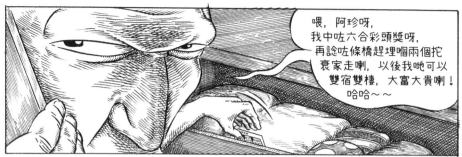

喂，阿珍呀，
我中咗六合彩頭獎呀，
再諗咗條橋趕埋嗰兩個扲
衰家走喇，以後我哋可以
雙宿雙棲，大富大貴喇！
哈哈～～

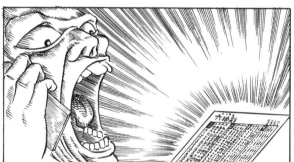

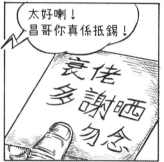

太好喇！
昌哥你真係抵錫！

衰佬
多謝晒
勿念

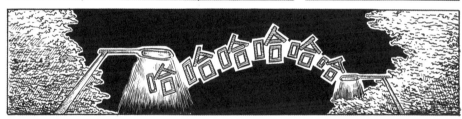

哈哈哈哈哈哈

個衰佬終於有今日喇…
你老豆廿年來都買同一寀巴，
我睇到公佈結果早早就換調
咗佢收埋喺櫃桶中獎嗰張
六合彩喇！

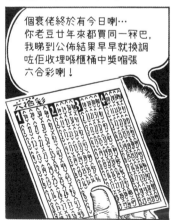

其實你老豆
出面有女人，又打
我哋，依家正好
我哋有個新
開始！

騎騎騎～～

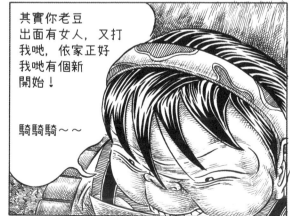

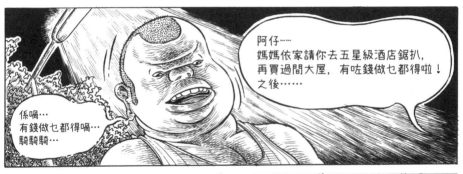

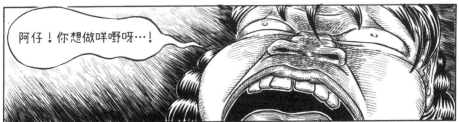

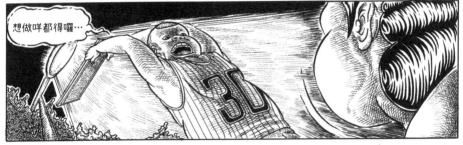

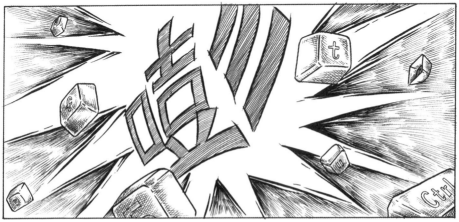

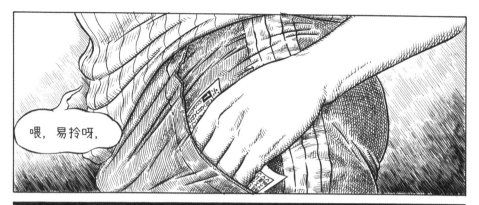

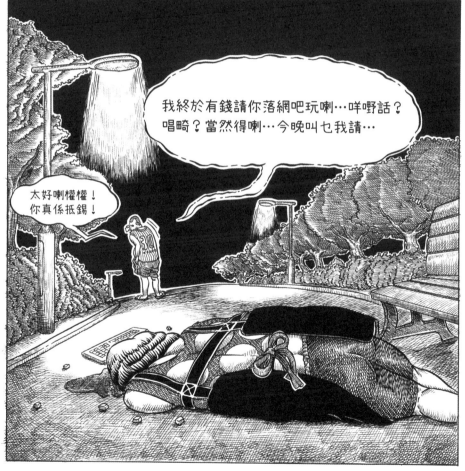

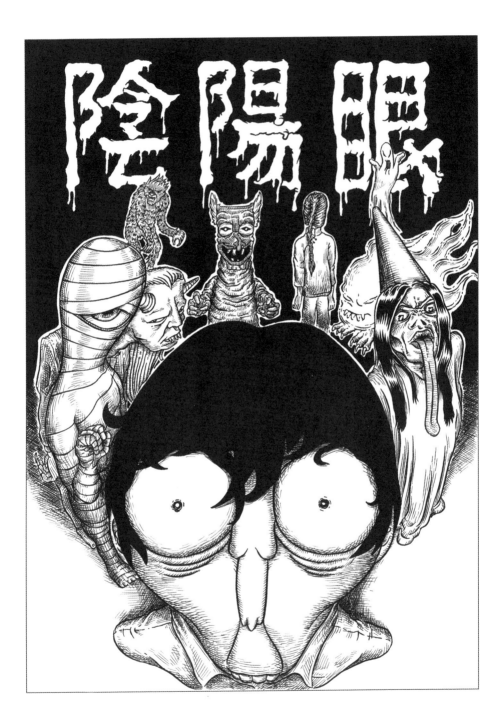

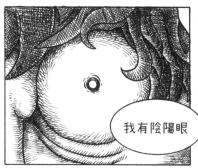

我有陰陽眼

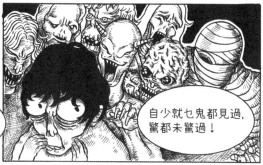

自少就乜鬼都見過,驚都未驚過!

不過有一晚⋯

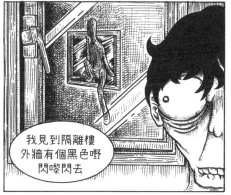

我見到隔離樓外牆有個黑色嘢閃嚟閃去

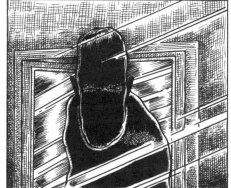

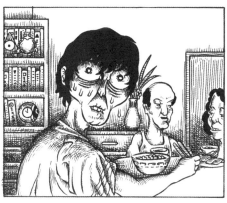

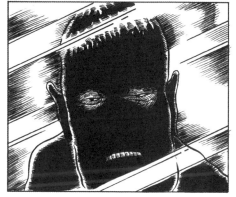

陰陽眼

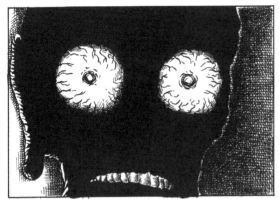

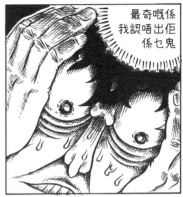

最奇嘅係我認唔出佢係乜鬼

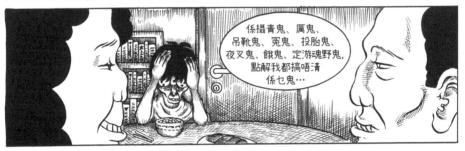

係攝青鬼、厲鬼、吊靴鬼、冤鬼、投胎鬼、夜叉鬼、餓鬼、定游魂野鬼,點解我都搞唔清係乜鬼…

第二朝, 管理員上門

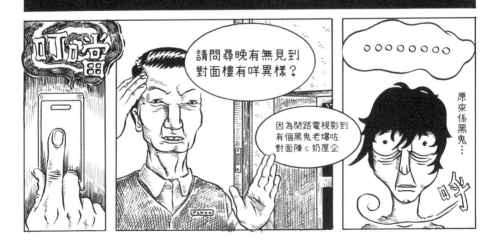

請問尋晚有無見到對面樓有咩異樣?

因為閉路電視影到有個黑鬼老爆咗對面陳C奶屋企

○○○○○○○○○○

原來係黑鬼…

自己嚇自己，

生人唔生膽，

特別係前幾日睇完啲恐怖片嘅時候。

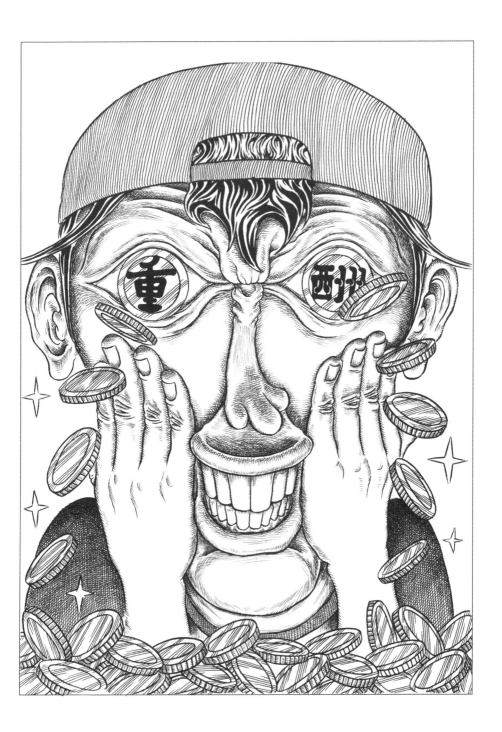

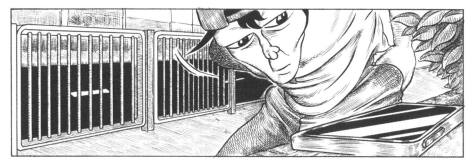

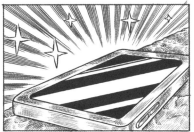

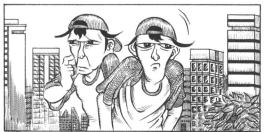

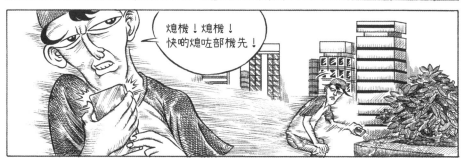

熄機！熄機！
快啲熄咗部機先！

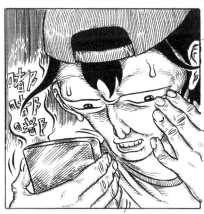

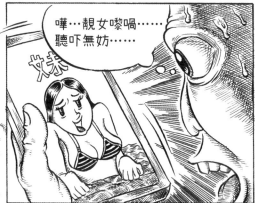

嘩…靚女嚟㗎……
聽吓無妨……

重酬

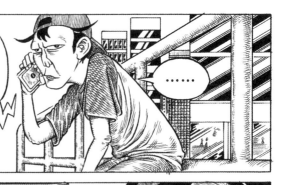

你好，
我諗係你拾到我家姐部手機，
因為面有好多公司嘅重要資料，
好希望你可以攞返俾我吖～

……

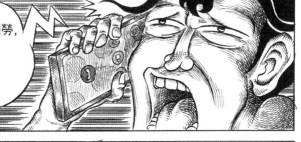

家姐話會出兩萬蚊做酬勞，
希望你可以幫一幫忙，
唔該你吖靚仔，
最多再請你食餐飯
報答你吖～～

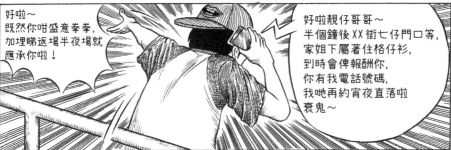

好啦～
既然你咁盛意拳拳，
加埋睇返場半夜場就
應承你啦！

好啦靚仔哥哥～
半個鐘後 XX 街七仔門口等，
家姐下屬著住格仔衫，
到時會俾報酬你，
你有我電話號碼，
我哋再約宵夜直落啦
衰鬼～

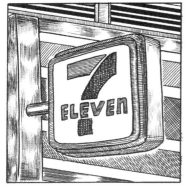

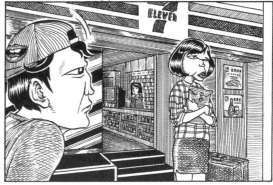

五十露 / 10

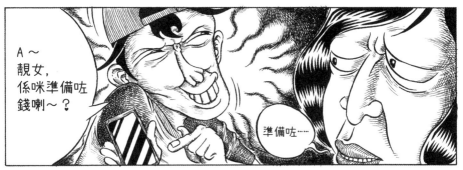

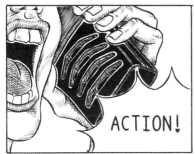

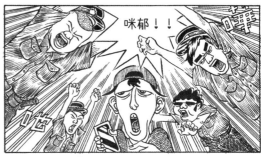

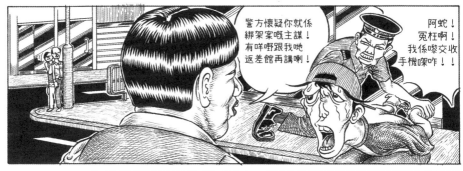

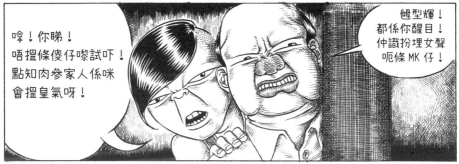

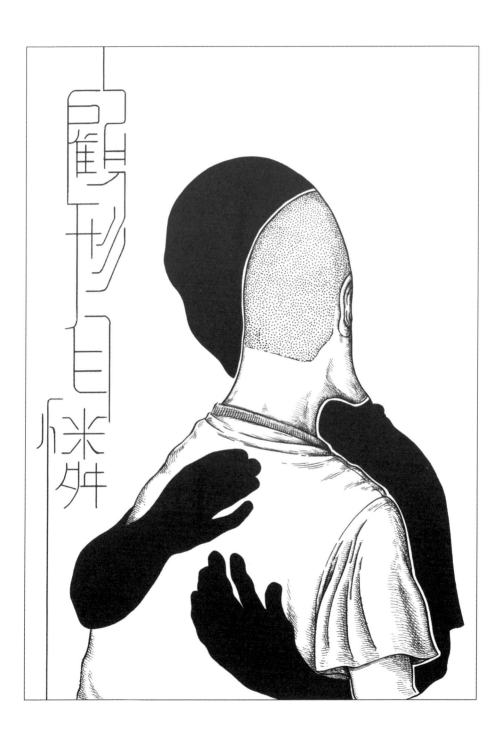

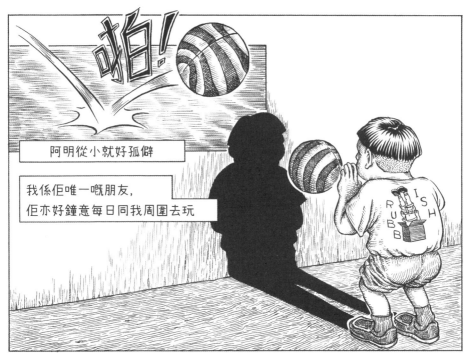

阿明從小就好孤僻

我係佢唯一嘅朋友，
佢亦好鐘意每日同我周圍去玩

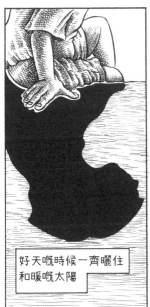

好天嘅時候一齊曬住
和暖嘅太陽

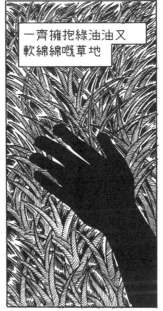

一齊擁抱綠油油又
軟綿綿嘅草地

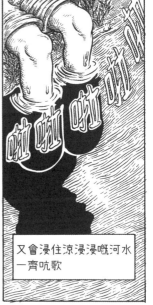

又會浸住涼浸浸嘅河水
一齊吭歌

顧形自憐

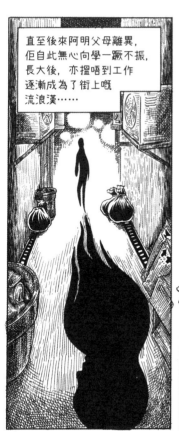

直至後來阿明父母離異，
佢自此無心向學一蹶不振，
長大後，亦搵唔到工作
逐漸成為了街上嘅
流浪漢……

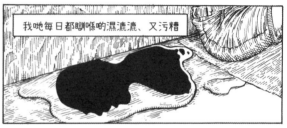

我哋每日都瞓喺啲濕漉漉、又污糟

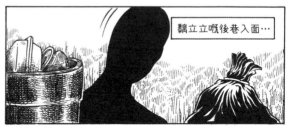

黐立立嘅後巷入面…

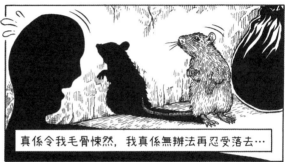

真係令我毛骨悚然，我真係無辦法再忍受落去…

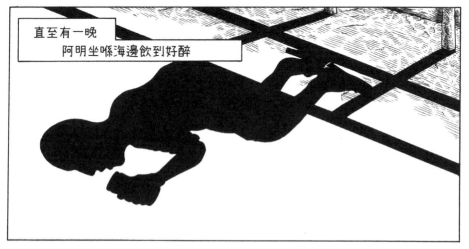

直至有一晚
阿明坐喺海邊飲到好醉

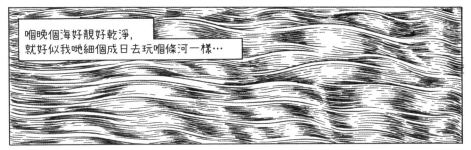

嗰晚個海好靚好乾淨,
就好似我哋細個成日去玩嗰條河一樣…

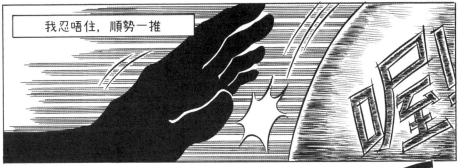

我忍唔住, 順勢一推

喝!

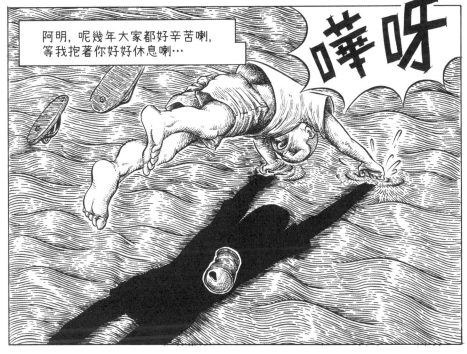

阿明, 呢幾年大家都好辛苦喇,
等我抱著你好好休息喇…

嘩呀

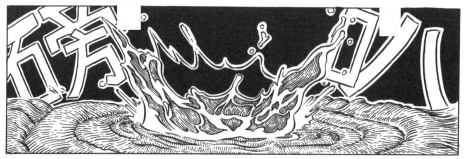

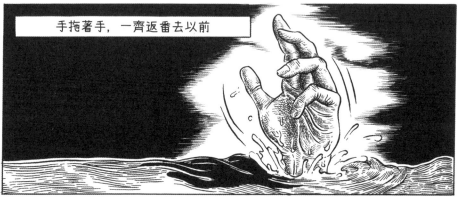

手拖著手，一齊返番去以前

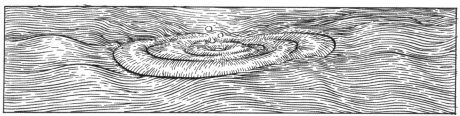

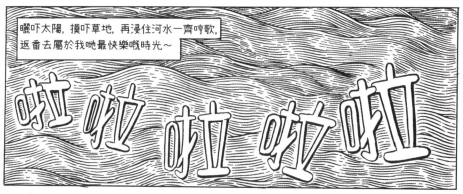

曬吓太陽，摸吓草地，再浸住河水一齊哼歌，
返番去屬於我哋最快樂嘅時光～

得閒就搵朋友傾吓偈啦。

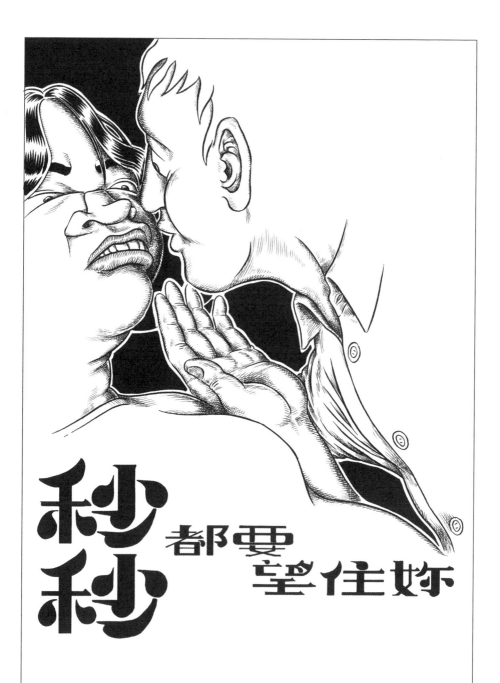

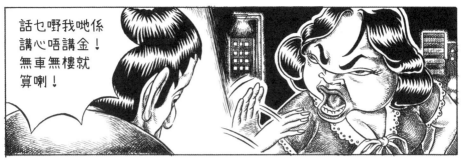

話乜嘢我哋係
講心唔講金！
無車無樓就
算喇！

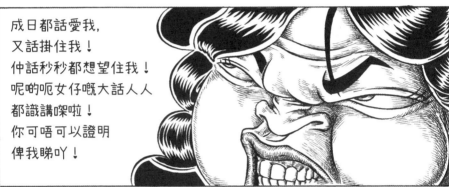

成日都話愛我，
又話掛住我！
仲話秒秒都想望住我！
呢啲呃女仔嘅大話人人
都識講㗎啦！
你可唔可以證明
俾我睇吖！

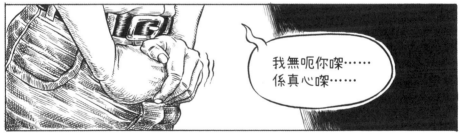

我無呃你㗎⋯⋯
係真心㗎⋯⋯

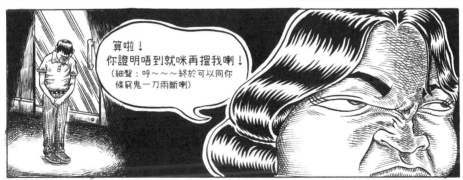

算啦！
你證明唔到就咪再搵我喇！
（細聲：呼～～～終於可以同你
條窮鬼一刀兩斷喇）

秒秒都要望住你

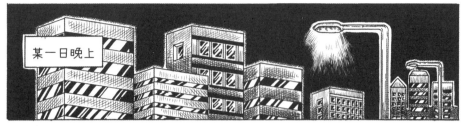

某一日晚上

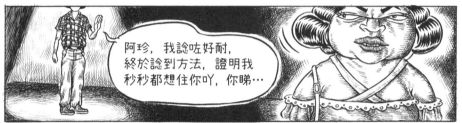

阿珍，我諗咗好耐，終於諗到方法，證明我秒秒都想住你吖，你睇…

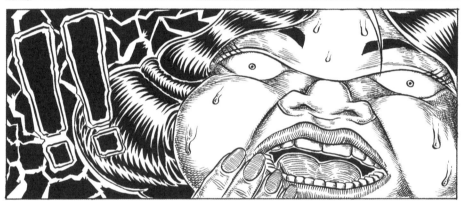

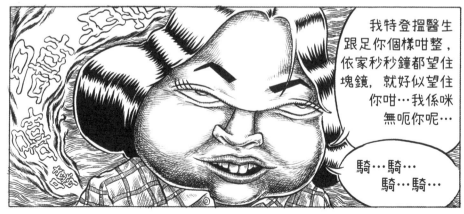

我特登搵醫生跟足你個樣咁整，依家秒秒鐘都望住塊鏡，就好似望住你咁…我係咪無呃你呢…

騎…騎…騎…騎…

你想
愛你愛到殺死你,
定係
愛你愛到嚇死你？

騎⋯騎⋯
騎⋯騎⋯

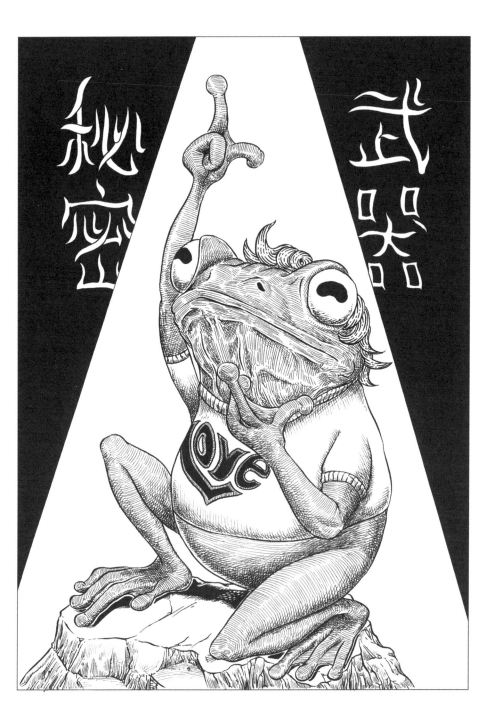

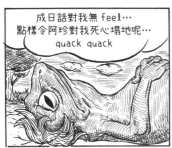

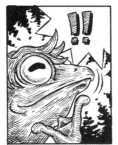

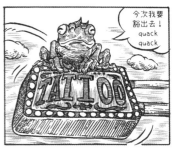

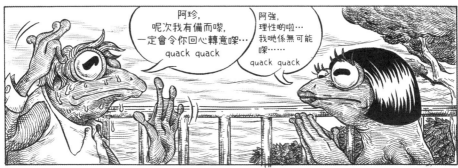

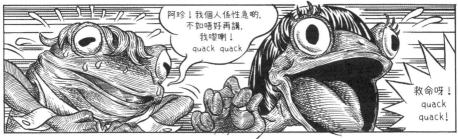

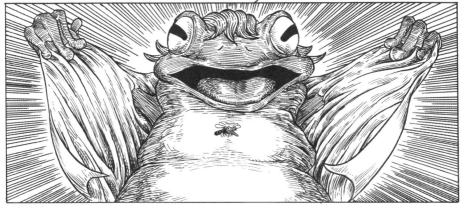

秘密武器

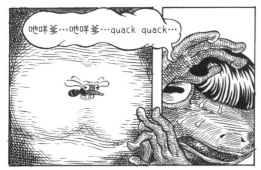
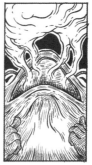
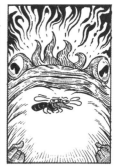
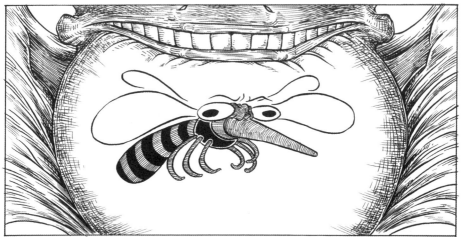
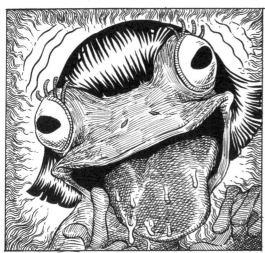
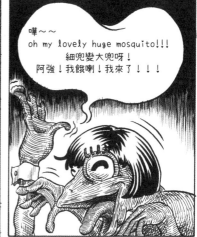

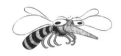

情如暗裡一隻蚊　（Mosquito Mosquito）
夜靜之中針我的心（Mosquito Mosquito）
　　默令我的心痕　絕沒法可安枕　夢難尋

如何快快的轉身　（Mosquito Mosquito）
亦避不開心裡飛蚊（Mosquito Mosquito）
　夜夜貼身痴纏　未問我幾多點　都針我萬遍

　　　……咪就係咁囉。

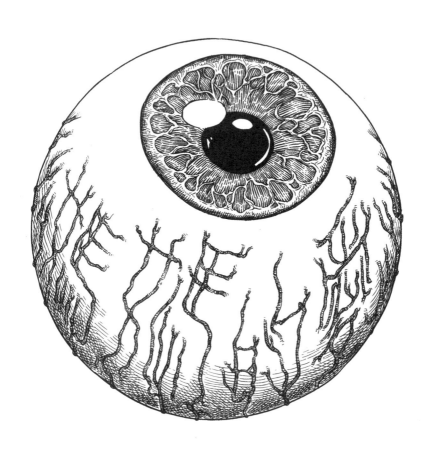

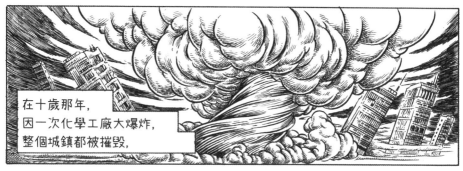

在十歲那年，
因一次化學工廠大爆炸，
整個城鎮都被摧毀，

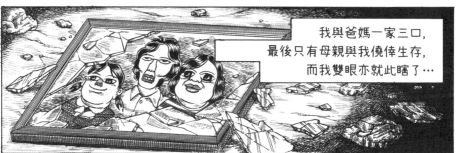

我與爸媽一家三口，
最後只有母親與我倆倖生存，
而我雙眼亦就此瞎了…

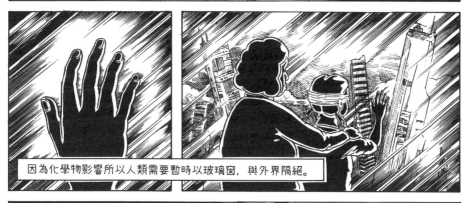

因為化學物影響所以人類需要暫時以玻璃窗，與外界隔絕。

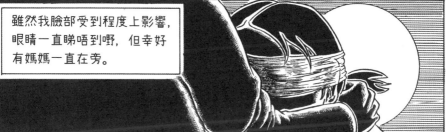

雖然我臉部受到程度上影響，
眼睛一直睇唔到嘢，但幸好
有媽媽一直在旁。

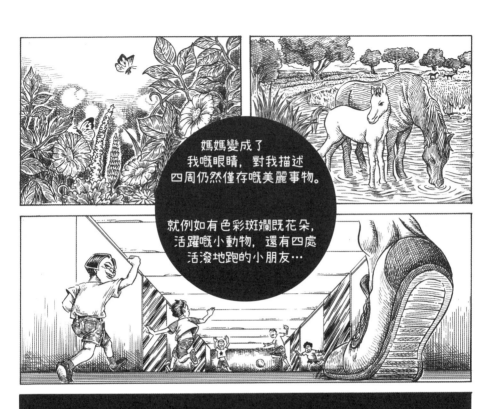

媽媽變成了我嘅眼睛，對我描述四周仍然僅存嘅美麗事物。

就例如有色彩斑斕既花朵，活躍嘅小動物，還有四處活潑地跑的小朋友…

今日是媽媽離世，卻是我復明嘅一日…

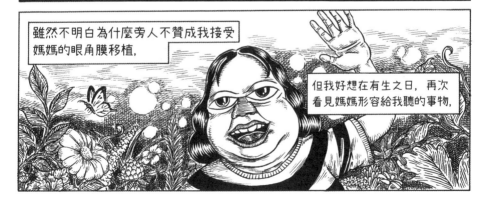

雖然不明白為什麼旁人不贊成我接受媽媽的眼角膜移植，

但我好想在有生之日，再次看見媽媽形容給我聽的事物，

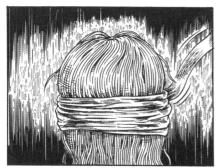

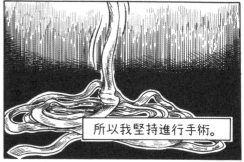

所以我堅持進行手術。

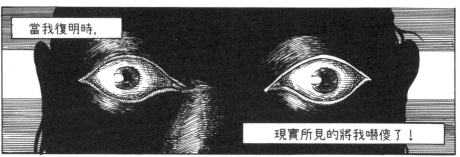

當我復明時,

現實所見的將我嚇傻了!

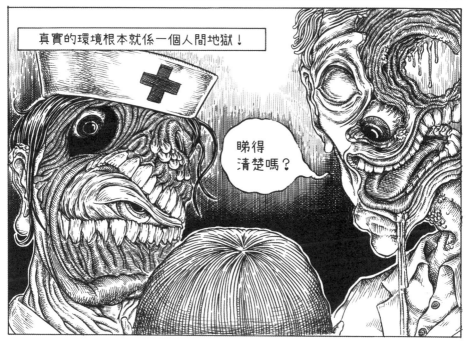

真實的環境根本就係一個人間地獄!

睇得
清楚嗎?

媽媽的愛

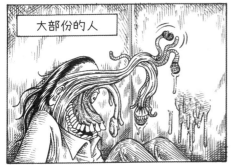

大部份的人

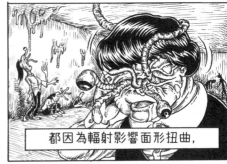

都因為輻射影響面形扭曲,

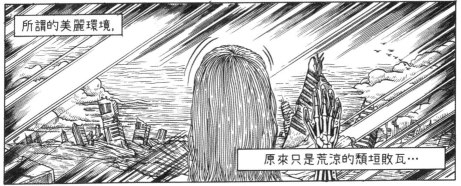

所謂的美麗環境,

原來只是荒涼的頹垣敗瓦…

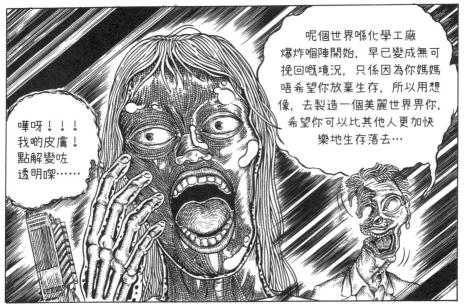

呢個世界喺化學工廠爆炸嗰陣開始,早已變成無可挽回嘅境況,只係因為你媽媽唔希望你放棄生存,所以用想像,去製造一個美麗世界畀你,希望你可以比其他人更加快樂地生存落去…

嘩呀↓↓↓我啲皮膚!點解變咗透明㗎……

其實我哋而家眼前嘅嘢，

係咪真係咁㗎？

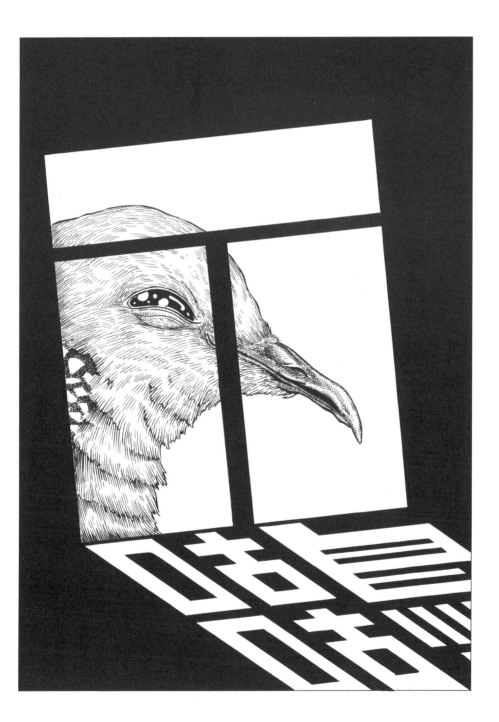

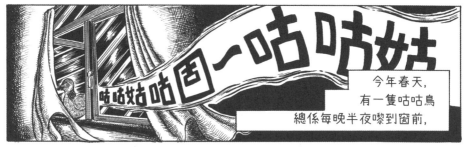

今年春天,
有一隻咕咕鳥
總係每晚半夜嚟到窗前,

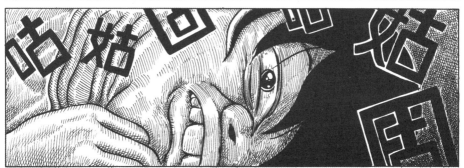

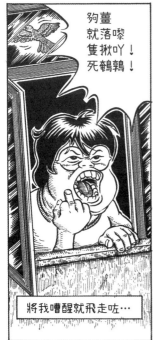

夠薑
就落嚟
隻揪吖!
死鵪鶉!

將我嘈醒就飛走咗…

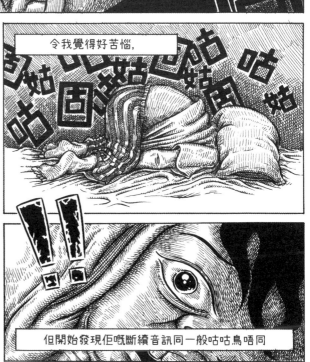

令我覺得好苦惱,

但開始發現佢嘅斷續音訊同一般咕咕鳥唔同

咕咕鳥

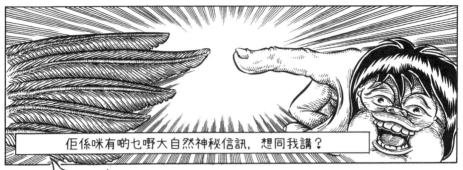

我開始細心地將佢嘅斷續音訊抄低

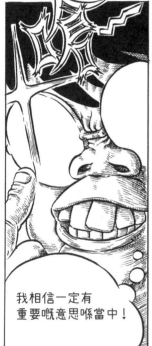

我相信一定有重要嘅意思喺當中!

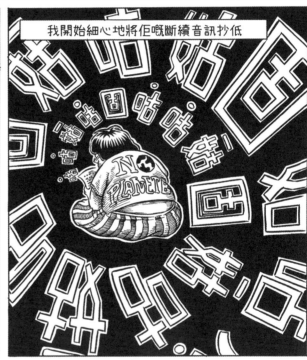

•• •─ •• ─•─ ─• •─• ─── ─ •─•

"我發現係摩斯密碼!"

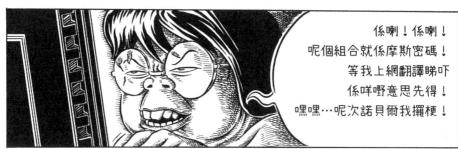

係喇！係喇！
呢個組合就係摩斯密碼！
等我上網翻譯睇吓
係咩嘢意思先得！
嘿嘿…呢次諾貝爾我攞梗！

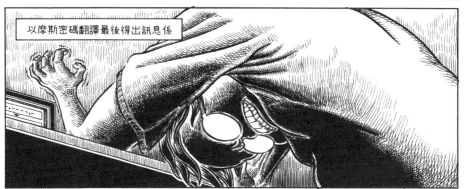

以摩斯密碼翻譯最後得出訊息係

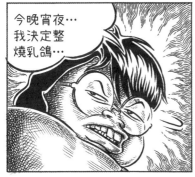

今晚宵夜…
我決定整
燒乳鴿…

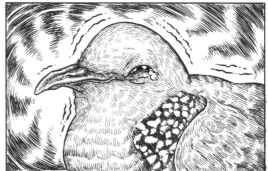

Fuck You

..-. ..- -.-. -.- -.-- --- ..-

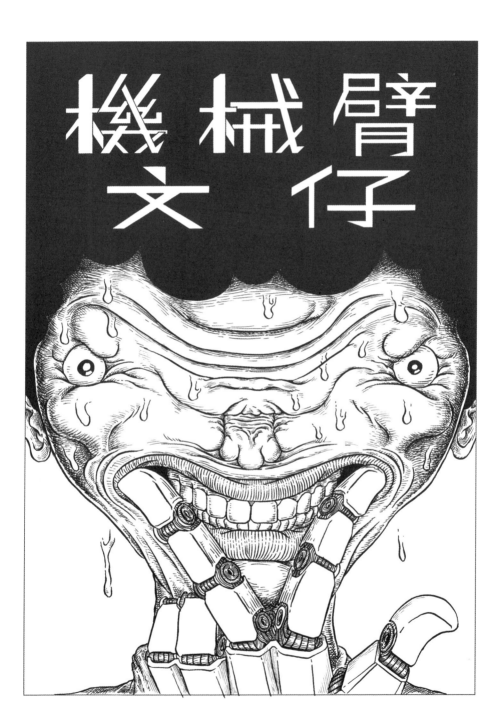

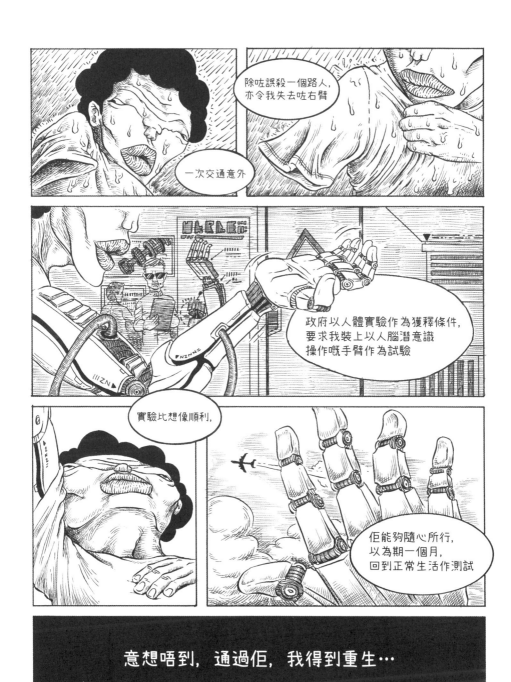

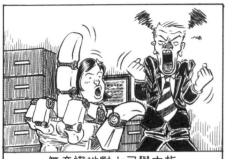

無意識地對上司舉中指

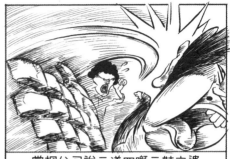

掌摑公司說三道四嘅三姑六婆

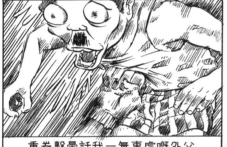

重拳擊暈話我一無事處嘅外父

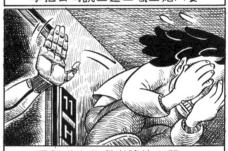

再將睇小我嘅老婆掉出門口

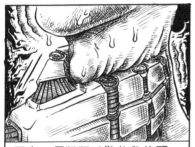

而家，佢狠狠地勒住我條頸，

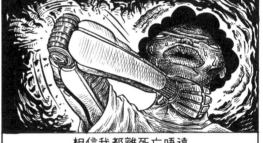

相信我都離死亡唔遠

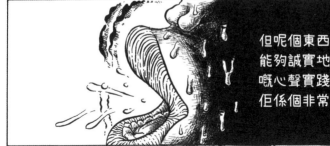

但呢個東西
能夠誠實地將我呢啲懦弱嘅人
嘅心聲實踐出來，事實上，
佢係個非常偉大嘅發明呢…

「假手於人」幾時都冇「親力親為」咁直接。

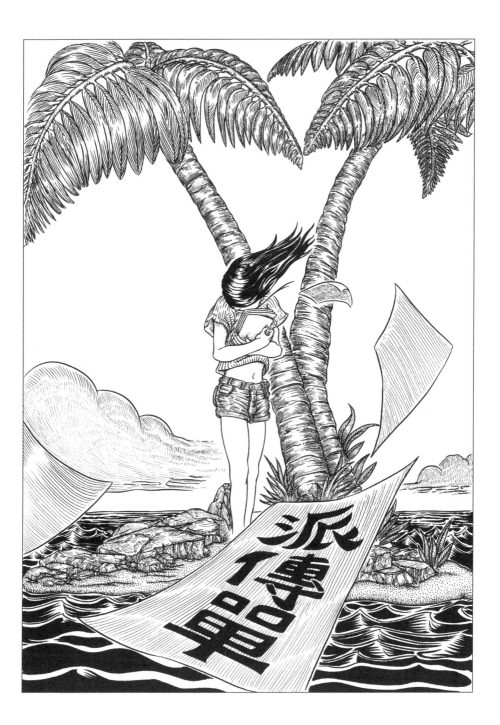

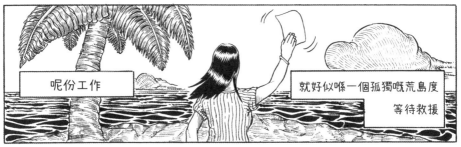

呢份工作　就好似喺一個孤獨嘅荒島度等待救援

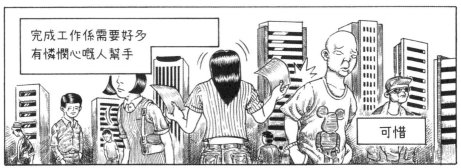

完成工作係需要好多有憐憫心嘅人幫手

可惜

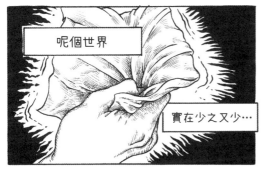

呢個世界　實在少之又少…

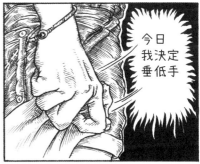

今日我決定垂低手

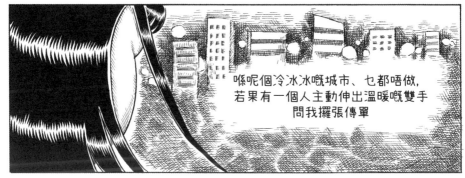

喺呢個冷冰冰嘅城市、乜都唔做,
若果有一個人主動伸出溫暖嘅雙手
問我攞張傳單

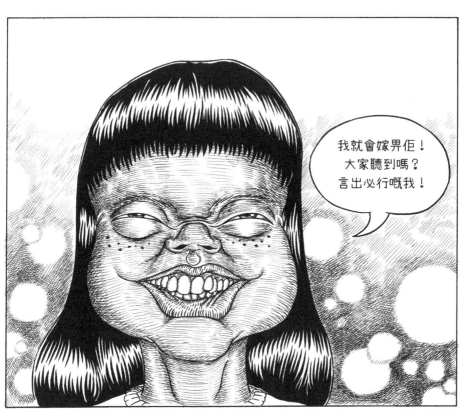

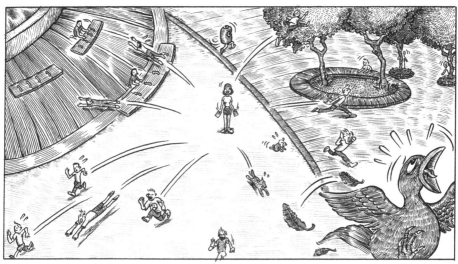

曾幾何時，條條街都好多人派傳單，
疫情過後，又有手機，派傳單嘅人少咗好多，
接傳單嘅人更加少之又少。

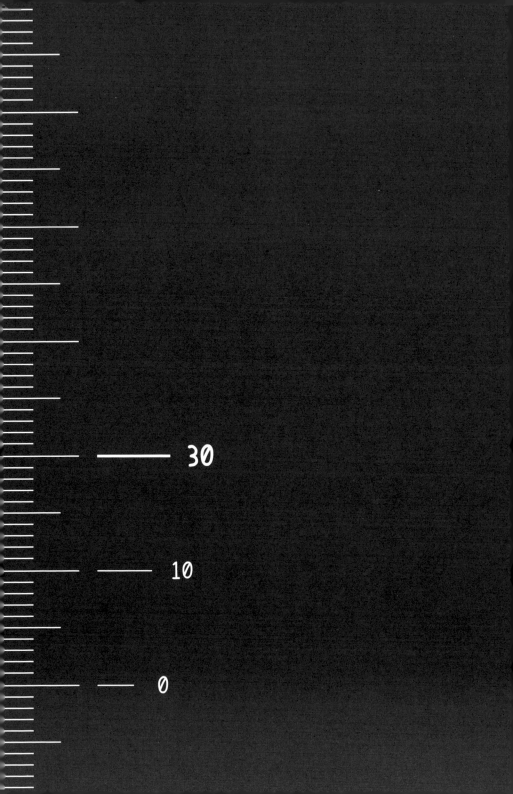

30

10

0

30

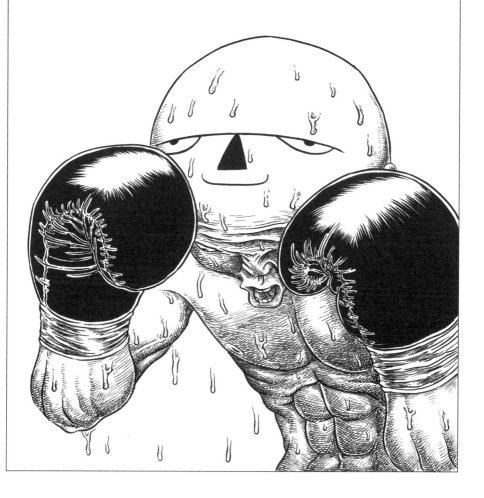

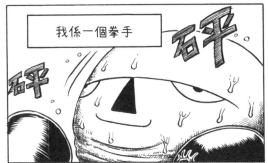

我係一個拳手

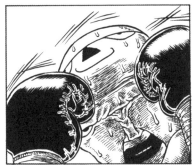

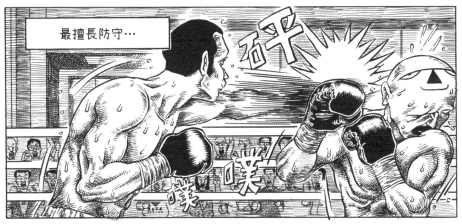

最擅長防守…

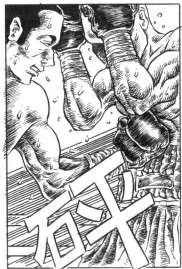

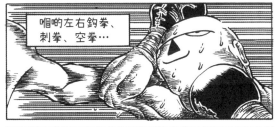

嗰啲左右鈎拳、刺拳、空拳…

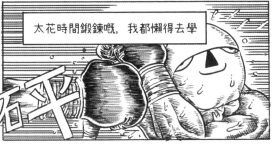

太花時間鍛鍊嘅，我都懶得去學

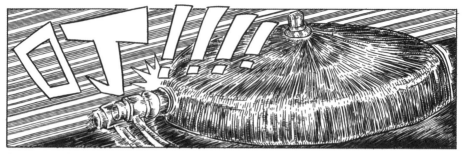

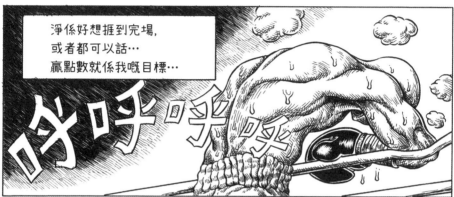

淨係好想捱到完場,
或者都可以話…
贏點數就係我嘅目標…

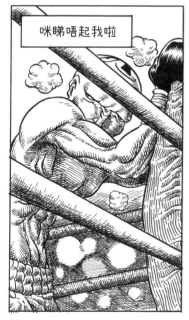

咪睇唔起我啦

聽聞你哋上班族
都係一樣打法啫

最起碼你們坐冷氣房
比我舒服得多啦……

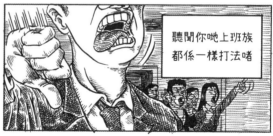

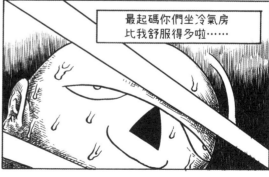

打工仔日日返工，就好似上擂台。
就算贏咗，都全身傷晒。

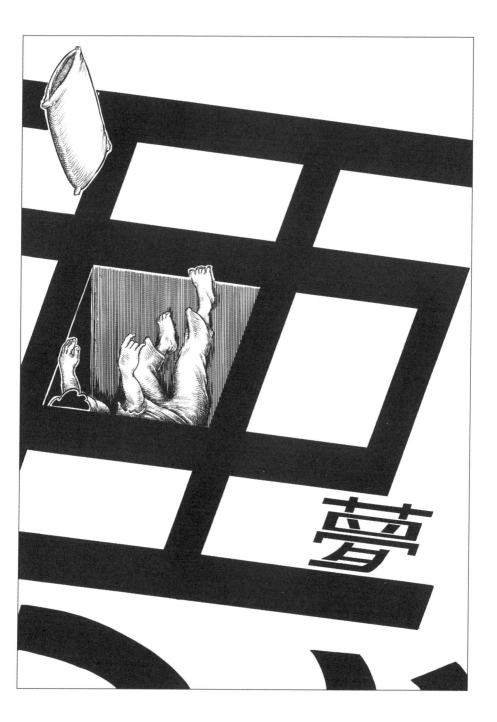

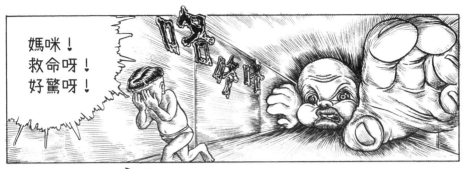

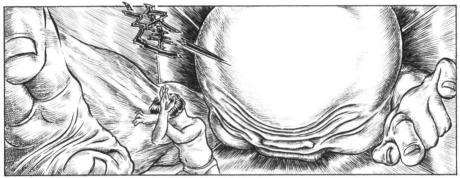

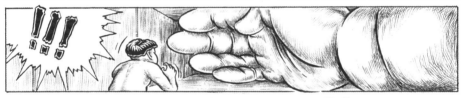

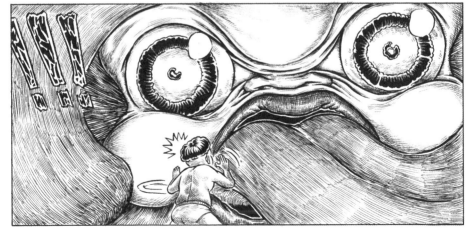

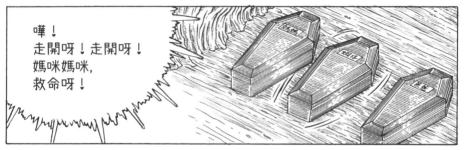

嘩！
走開呀！走開呀！
媽咪媽咪，
救命呀！

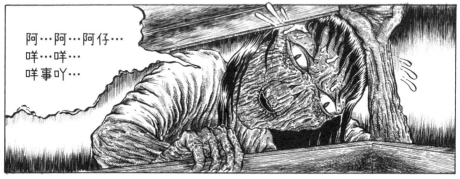

阿…阿…阿仔…
咩…咩…
咩事吖…

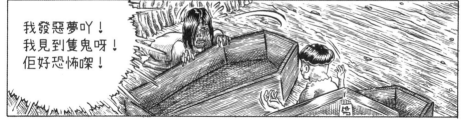

我發惡夢吖！
我見到隻鬼呀！
佢好恐怖㗎！

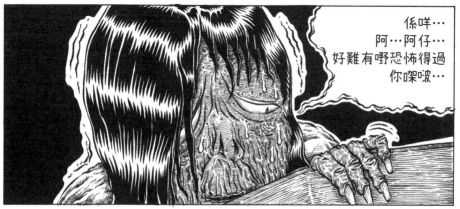

係咩…
阿…阿仔…
好難有嘢恐怖得過
你㗎啵…

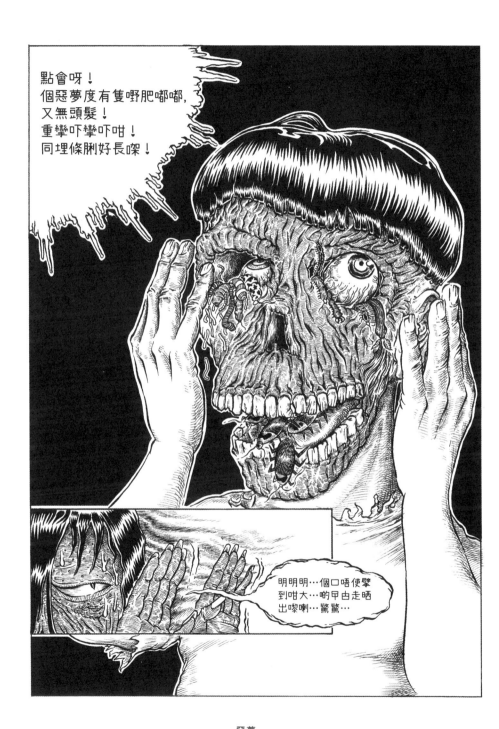

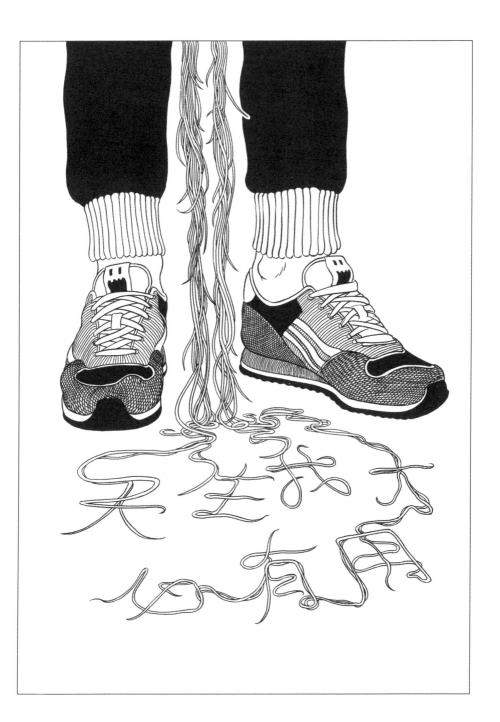

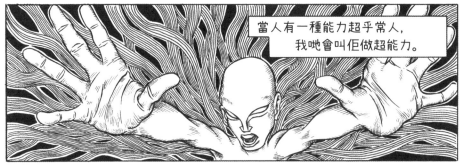

當人有一種能力超乎常人，
我哋會叫佢做超能力。

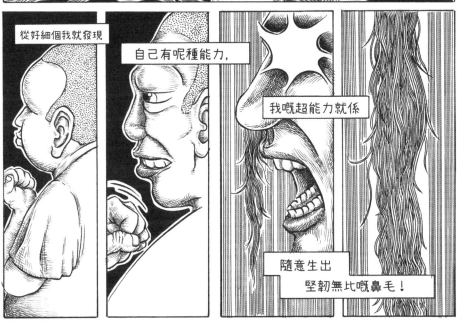

從好細個我就發現

自己有呢種能力，

我嘅超能力就係

隨意生出

堅韌無比嘅鼻毛！

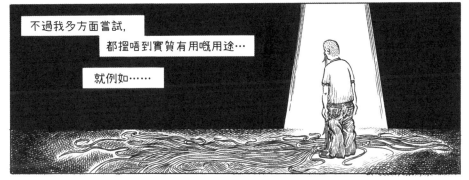

不過我多方面嘗試，
都搵唔到實質有用嘅用途…

就例如……

天生我才必有用

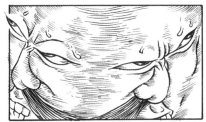

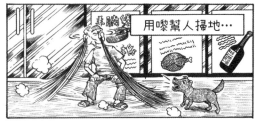

用嚟幫人掃地⋯

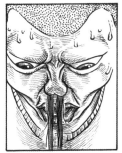

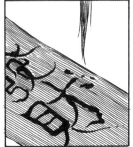

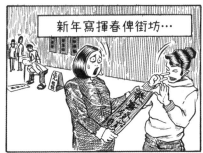

新年寫揮春俾街坊⋯

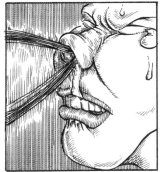

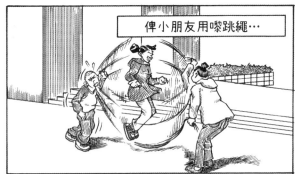

俾小朋友用嚟跳繩⋯

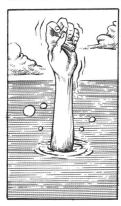

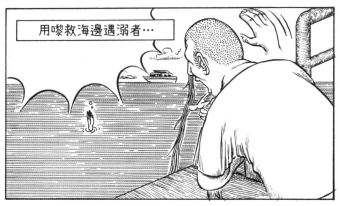

用嚟救海邊遇溺者⋯

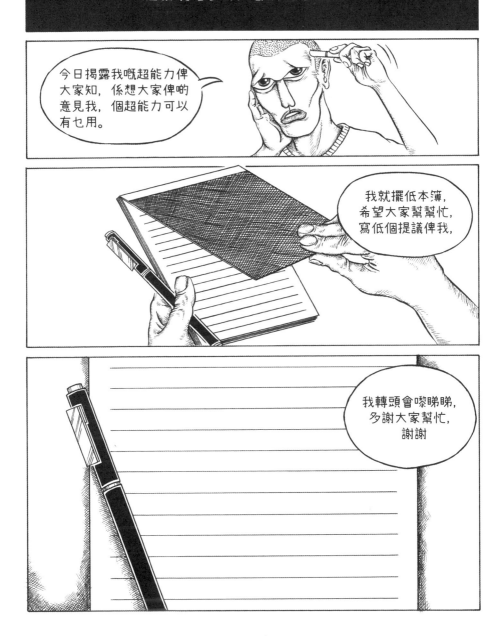

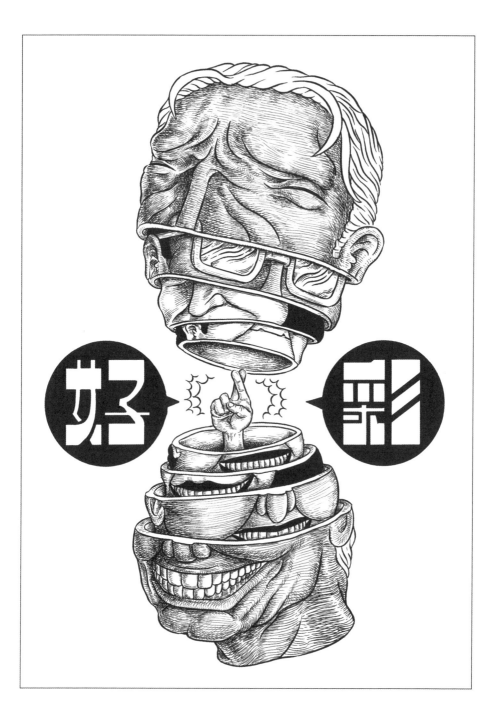

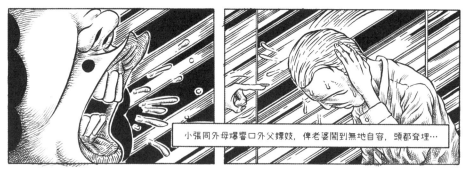

小張同外母爆響口外父嫖妓，俾老婆鬧到無地自容，頭都耷埋…

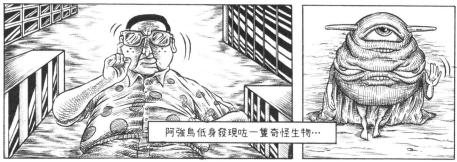

阿強鳥低身發現咗一隻奇怪生物…

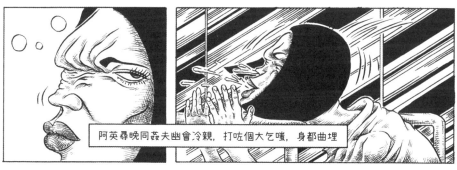

阿英尋晚同姦夫幽會冷親，打咗個大乞嗤，身都曲埋

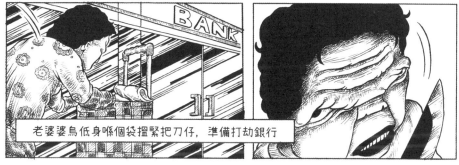

老婆婆鳥低身喺個袋搵緊把刀仔，準備打劫銀行

好彩

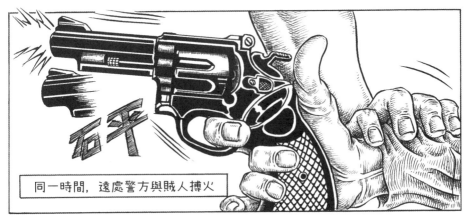

同一時間，遠處警方與賊人搏火

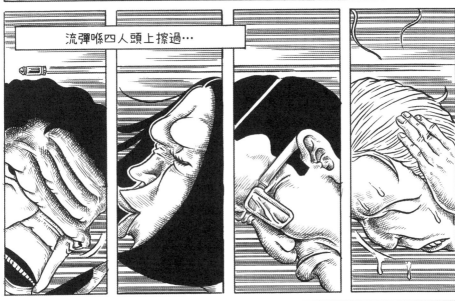

流彈喺四人頭上擦過…

無人中槍

咁好彩,

轉頭去買六合彩。

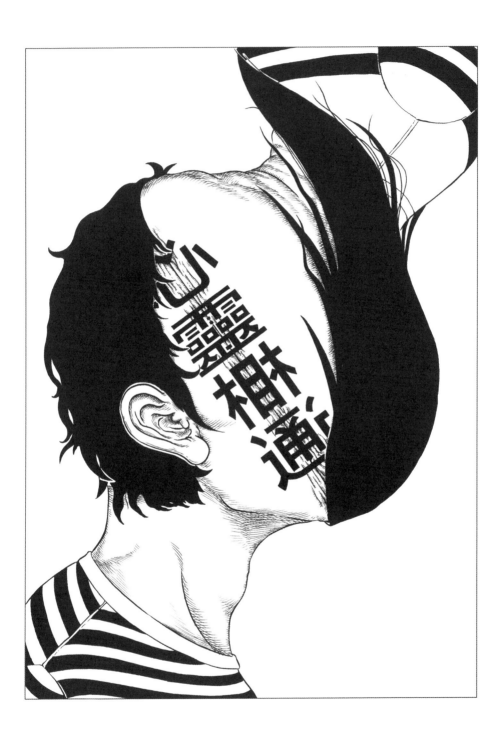

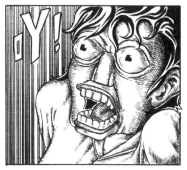

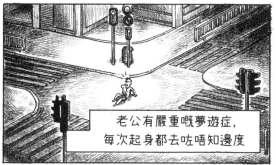

老公有嚴重嘅夢遊症，
每次起身都去咗唔知邊度

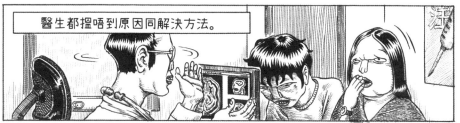

醫生都搵唔到原因同解決方法。

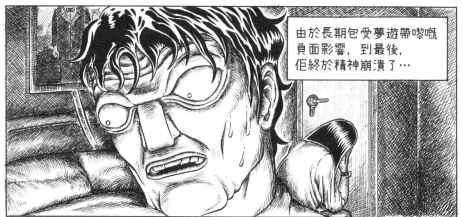

由於長期包受夢遊帶嚟嘅
負面影響，到最後，
佢終於精神崩潰了…

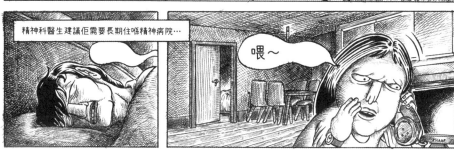

精神科醫生建議佢需要長期住喺精神病院…

喂～

心靈相通

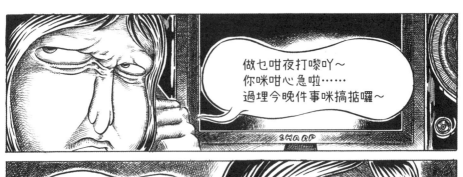

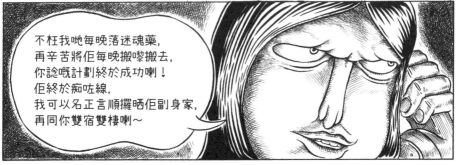

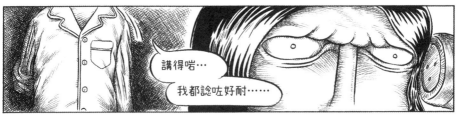

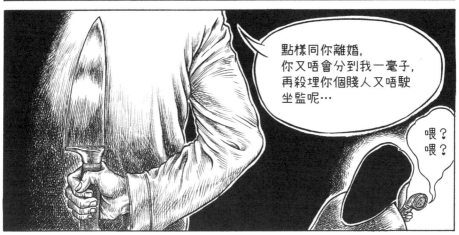

年紀大了，由以往自己一個人的問題，
變成了多於一個人的，
然後可能又再多一個……

因為這就是成年人的煩惱。

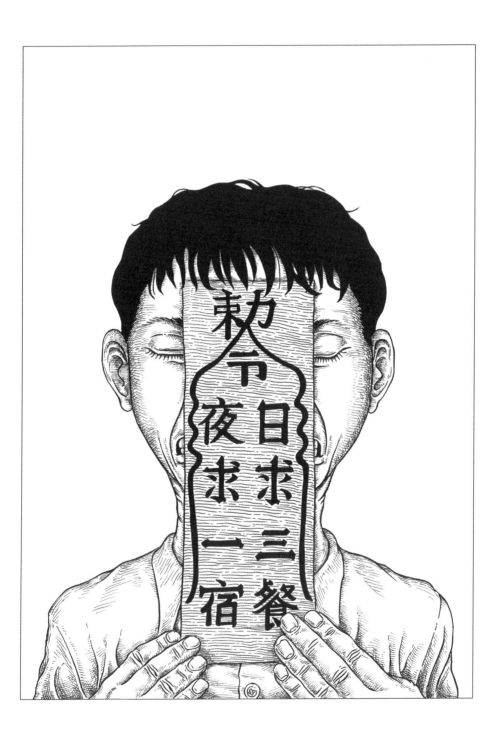

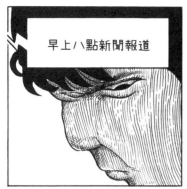

早上八點新聞報道

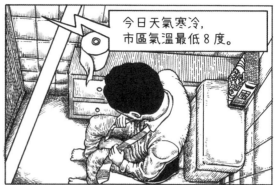

今日天氣寒冷，
市區氣溫最低8度。

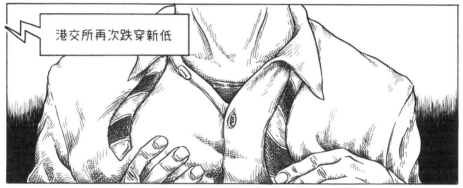

港交所再次跌穿新低

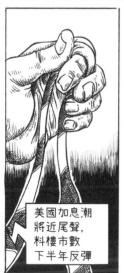

美國加息潮
將近尾聲，
料樓市數
下半年反彈

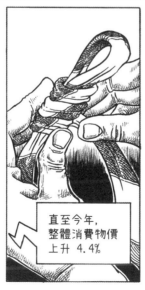

直至今年，
整體消費物價
上升 4.4%

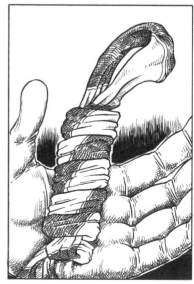

日求三餐 夜求一宿

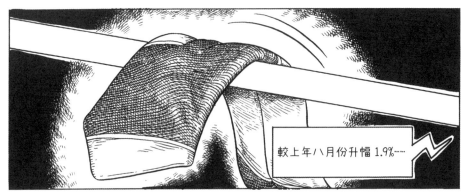

較上年八月份升幅1.9%⋯⋯

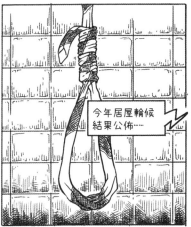

今年居屋輪候結果公佈⋯⋯

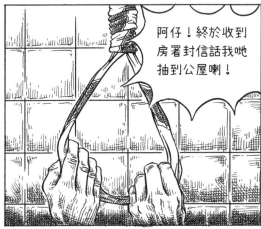

阿仔！終於收到房署封信話我哋抽到公屋喇！

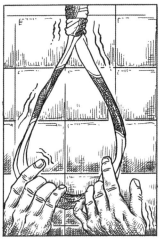

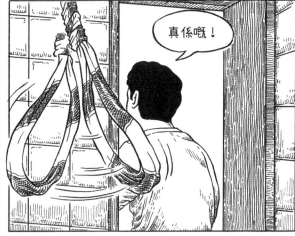

真係嘅！

土地問題

香港問題

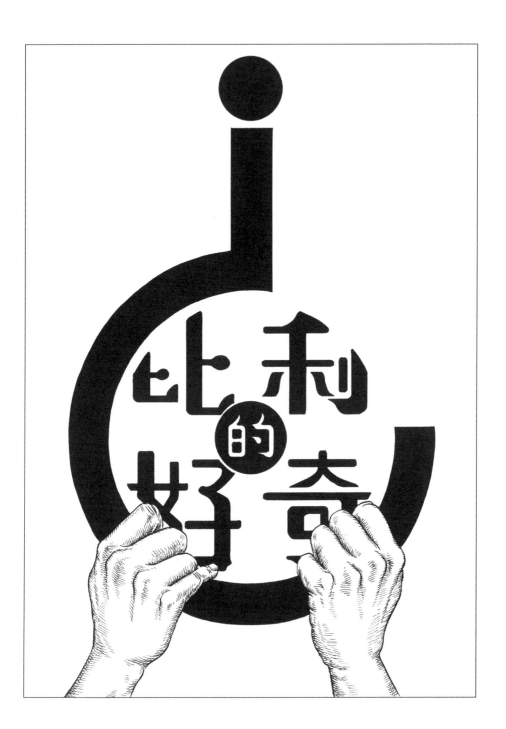

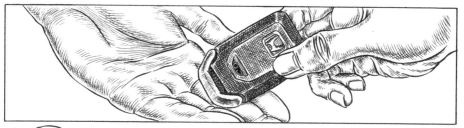

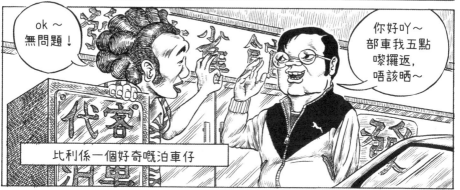

ok～
無問題！

你好吖～
部車我五點
嚟攞返，
唔該晒～

比利係一個好奇嘅泊車仔

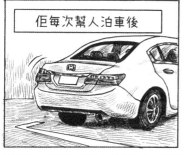

佢每次幫人泊車後

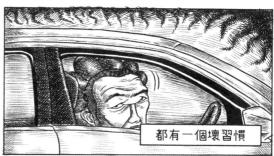

都有一個壞習慣

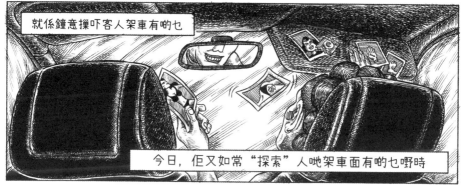

就係鐘意撳吓客人架車有啲乜

今日，佢又如常"探索"人哋架車面有啲乜嘢時

比利的好奇

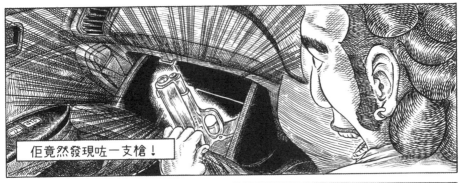

佢竟然發現咗一支槍！

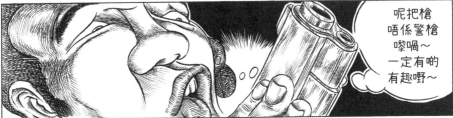

呢把槍唔係警槍嚟喎～一定有啲有趣嘢～

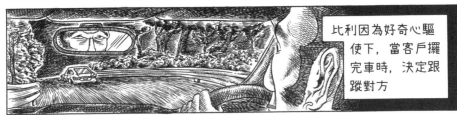

比利因為好奇心驅使下，當客戶攞完車時，決定跟蹤對方

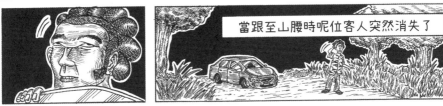

當跟至山腰時呢位客人突然消失了

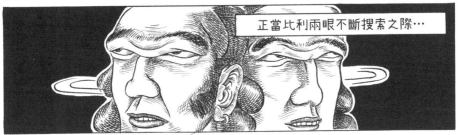

正當比利兩眼不斷搜索之際⋯

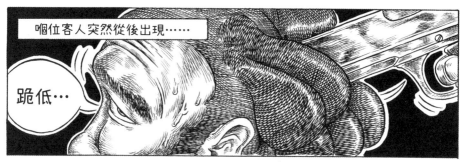

嗰位客人突然從後出現⋯⋯

跪低⋯

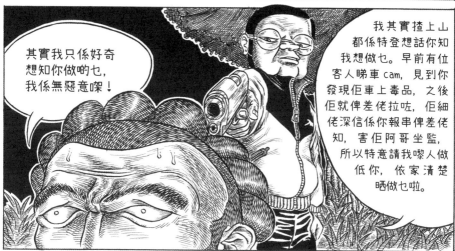

其實我只係好奇想知你做啲乜，我係無惡意㗎！

我其實揸上山都係特登想話你知我想做乜。早前有位客人睇車 cam，見到你發現佢車上毒品，之後佢就俾差佬拉咗，佢細佬深信係你報串俾差佬知，害佢阿哥坐監，所以特意請我嚟人做低你，依家清楚晒做乜啦。

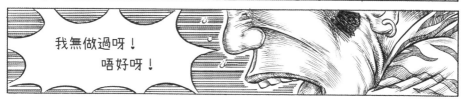

我無做過呀！
唔好呀！

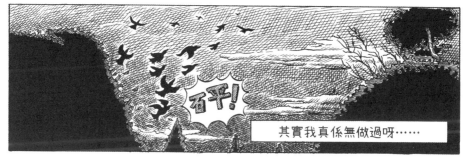

砰！

其實我真係無做過呀⋯⋯

比利的好奇

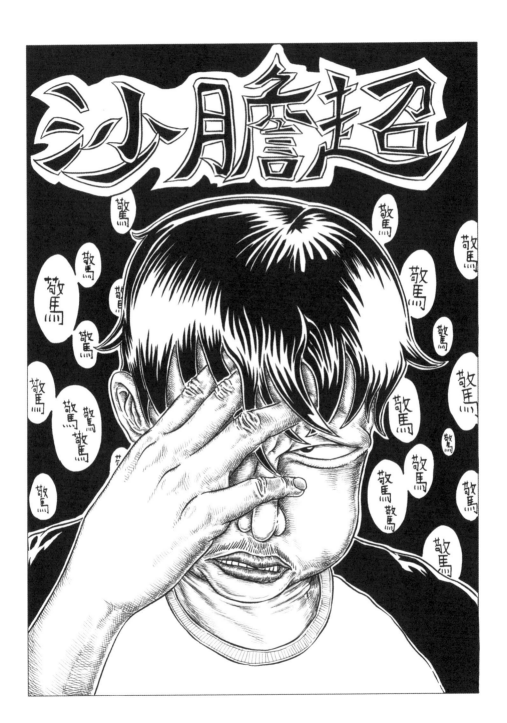

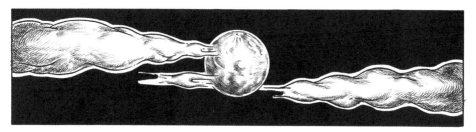

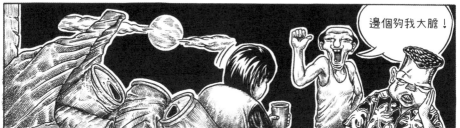

邊個夠我大膽!

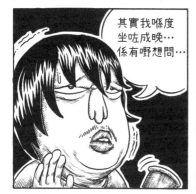

其實我喺度
坐咗成晚…
係有嘢想問…

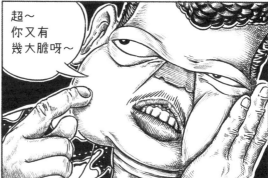

超～
你又有
幾大膽呀～

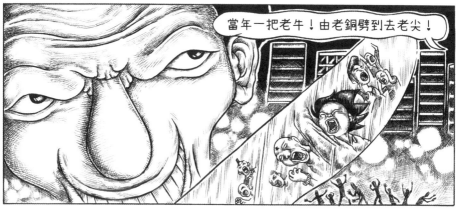

當年一把老牛!由老銅劈到去老尖!

沙膽超

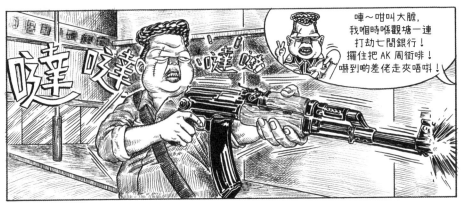

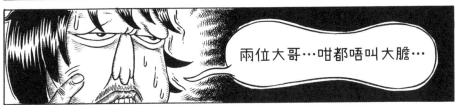

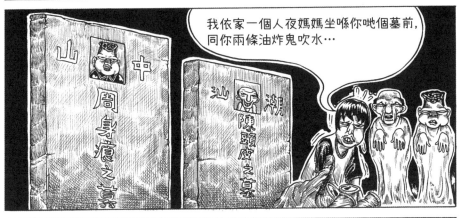

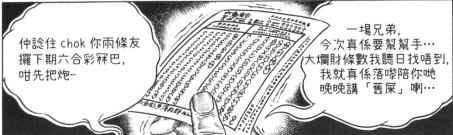

幾時都係有錢最實際。

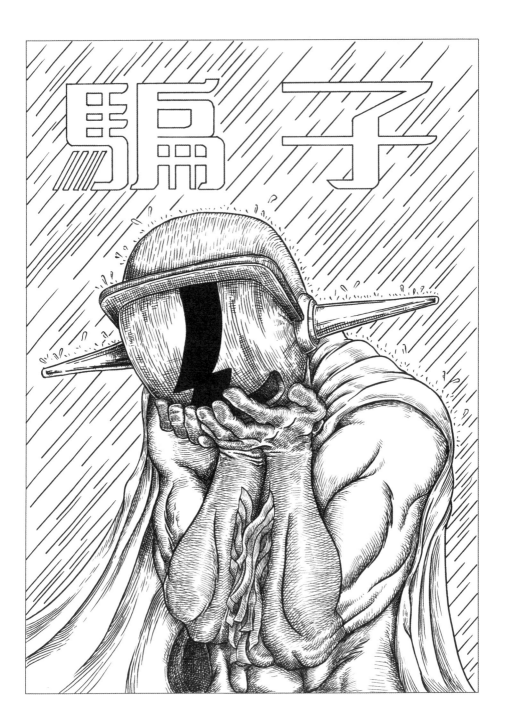

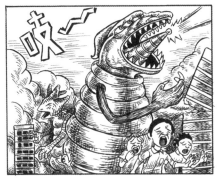
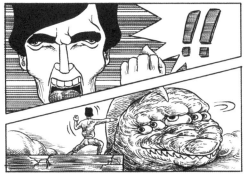

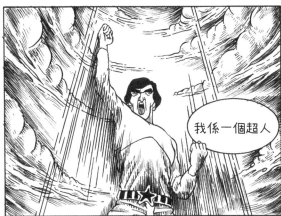

我係一個超人

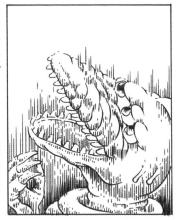

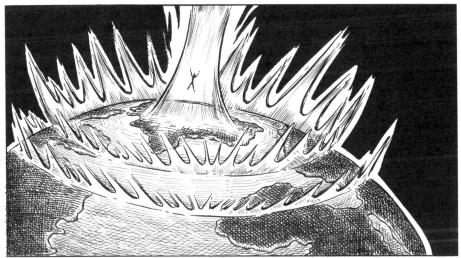

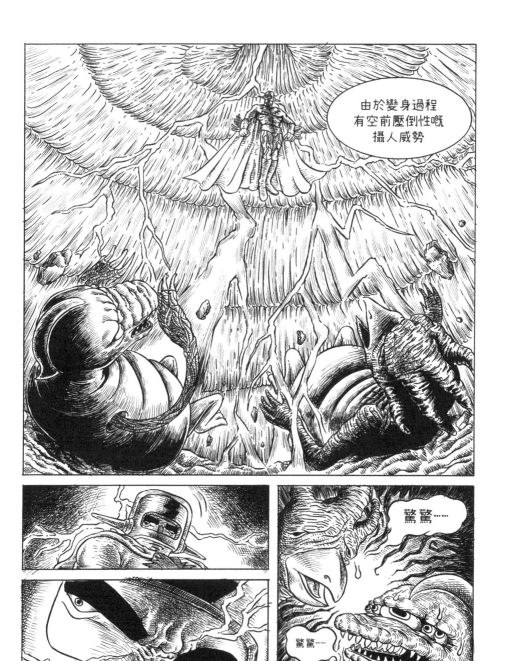

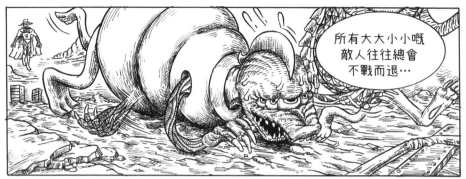

所有大大小小嘅
敵人往往總會
不戰而退⋯

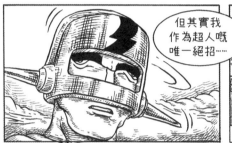

但其實我
作為超人嘅
唯一絕招⋯

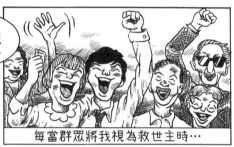

每當群眾將我視為救世主時⋯

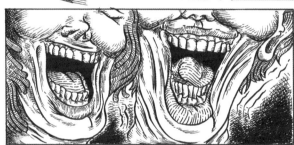

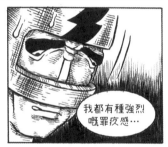

我都有種強烈
嘅罪疚感⋯

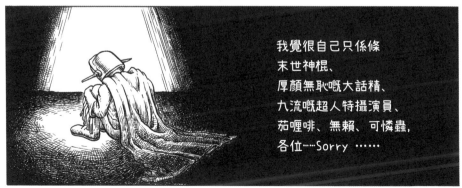

我覺很自己只係條
末世神棍、
厚顏無恥嘅大話精、
九流嘅超人特攝演員、
茄喱啡、無賴、可憐蟲，
各位⋯⋯Sorry ⋯⋯

騙子
139

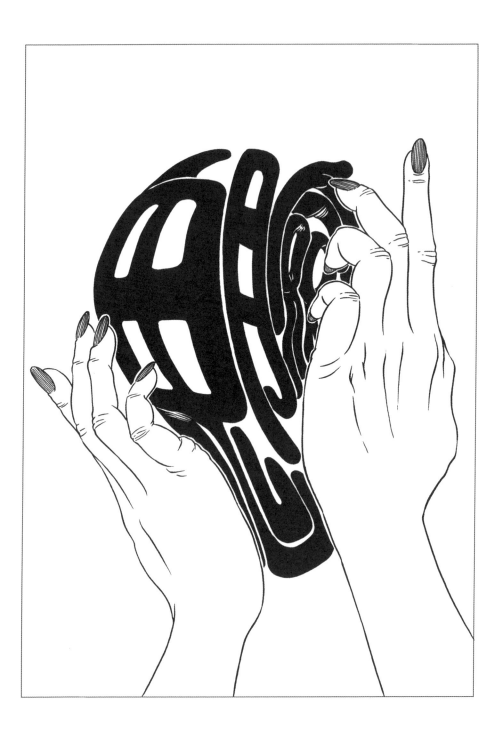

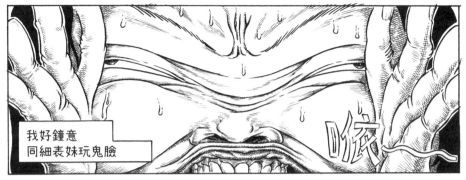

我好鐘意
同細表妹玩鬼臉

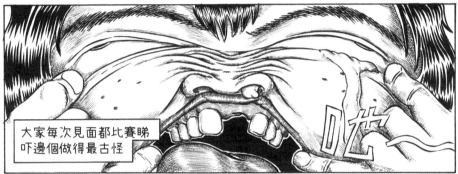

大家每次見面都比賽睇
吓邊個做得最古怪

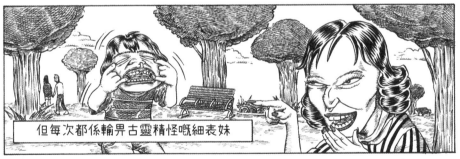

但每次都係輸畀古靈精怪嘅細表妹

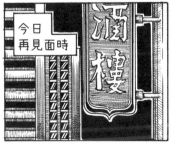

今日
再見面時

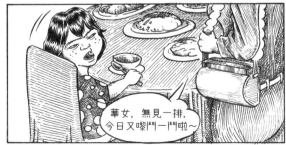

華女，無見一排，
今日又嚟鬥一鬥啦～

鬼臉
141

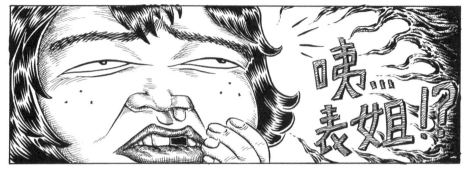

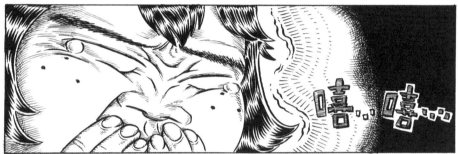

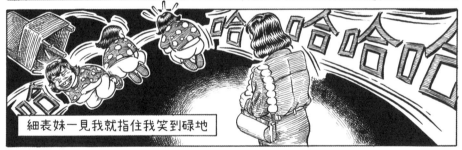

細表妹一見我就指住我笑到碌地

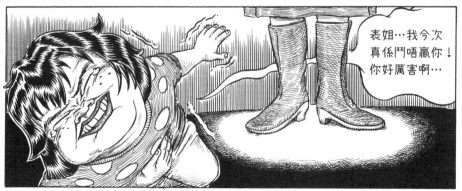

表姐…我今次
真係鬥唔贏你！
你好厲害啊…

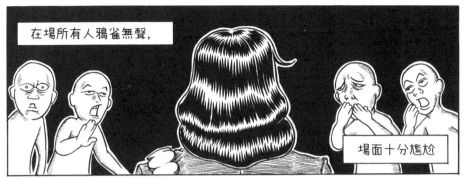

在場所有人鴉雀無聲，

場面十分尷尬

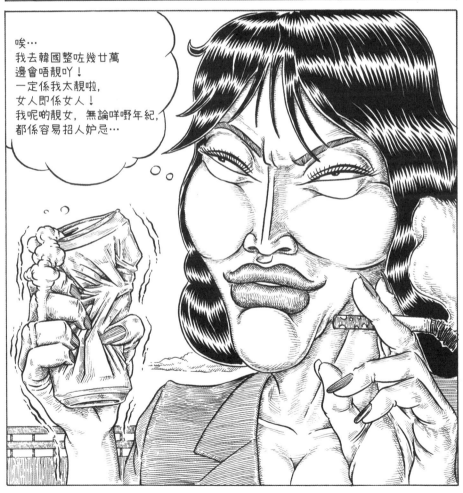

唉…
我去韓國整咗幾廿萬
邊會唔靚吖！
一定係我太靚啦，
女人即係女人！
我呢啲靚女，無論咩嘢年紀，
都係容易招人妒忌…

50

30

10

0

50

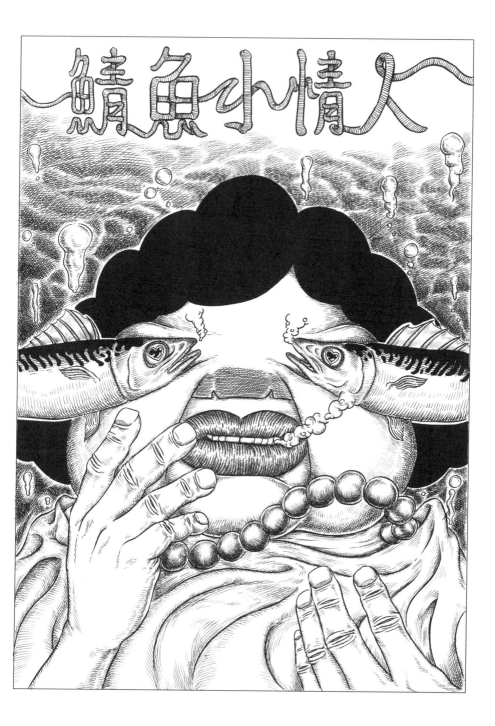

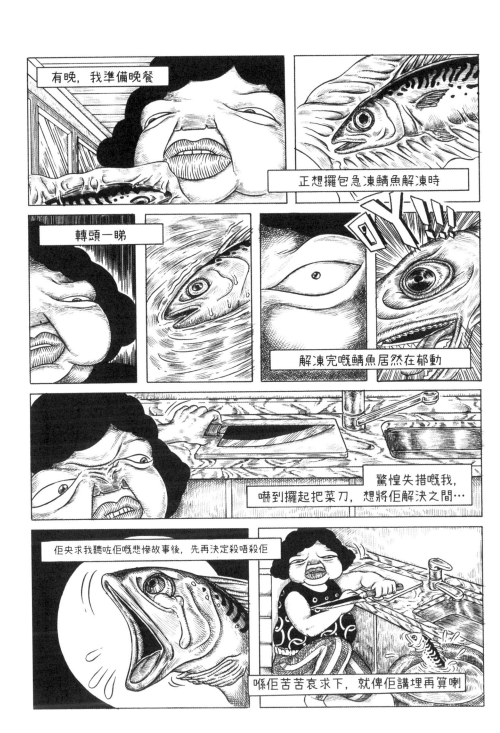

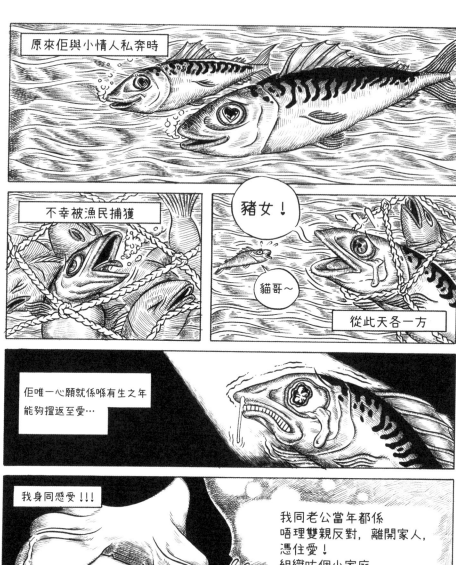

原來佢與小情人私奔時

不幸被漁民捕獲

豬女！

貓哥～

從此天各一方

佢唯一心願就係喺有生之年
能夠搵返至愛…

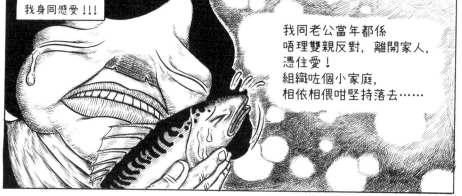

我身同感受！！！

我同老公當年都係
唔理雙親反對，離開家人，
憑住愛！
組織咗個小家庭，
相依相偎咁堅持落去……

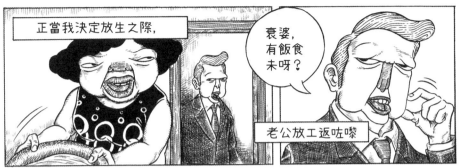

正當我決定放生之際，

衰婆，
有飯食
未呀？

老公放工返咗嚟

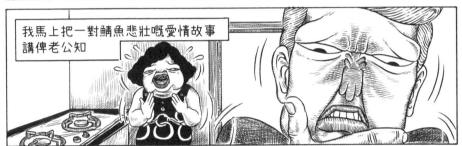

我馬上把一對鯖魚悲壯嘅愛情故事
講俾老公知

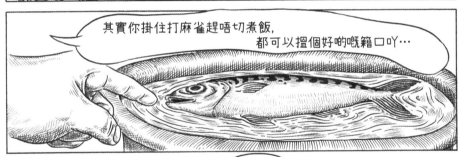

其實你掛住打麻雀趕唔切煮飯，
都可以搵個好啲嘅藉口吖…

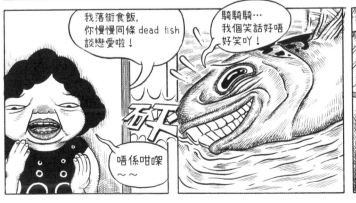

我落街食飯，
你慢慢同條 dead fish
談戀愛啦！

騎騎騎…
我個笑話好唔
好笑吖！

唔係咁㗎
～～

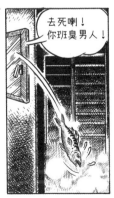

去死喇！
你班臭男人！

鯖魚小情人

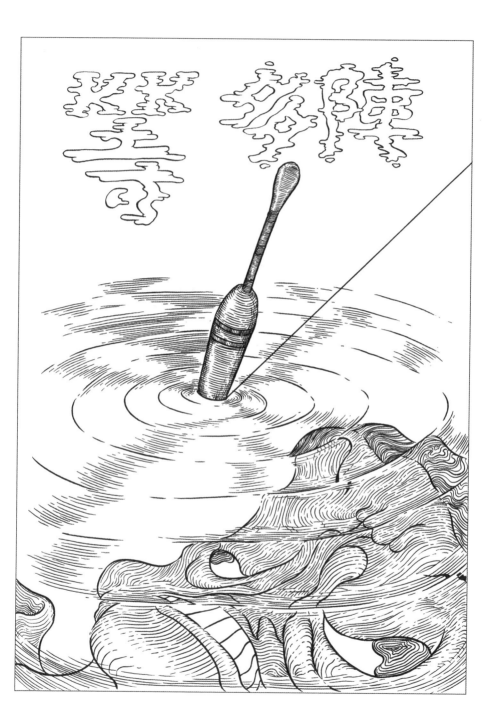

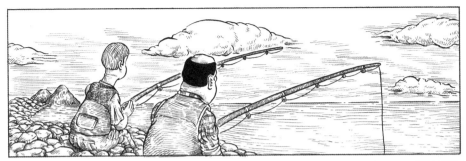

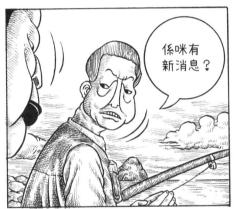

係咪有
新消息？

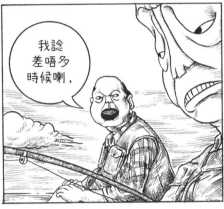

我諗
差唔多
時候喇，

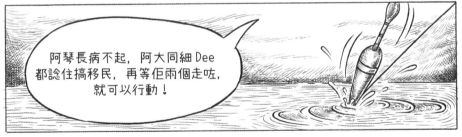

阿琴長病不起，阿大同細 Dee
都諗住搞移民，再等佢兩個走咗，
就可以行動！

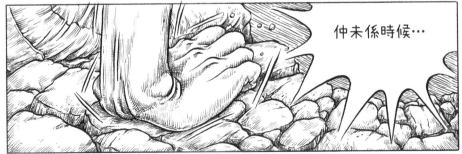

仲未係時候…

等多陣

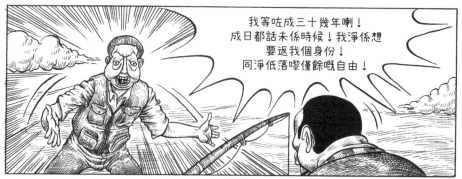

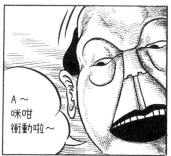

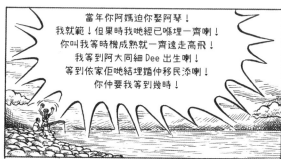

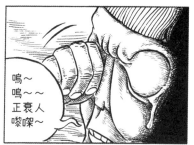

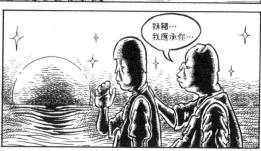

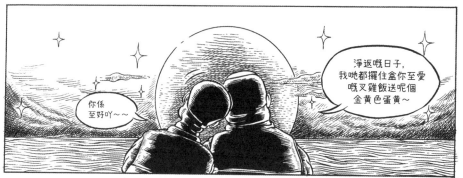

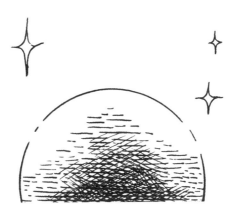

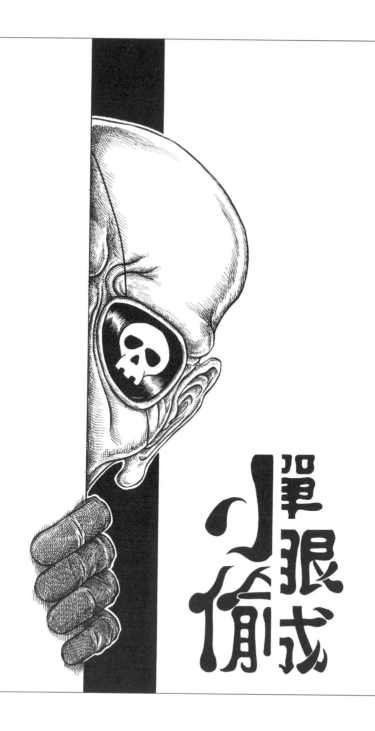

半眼賊の偸

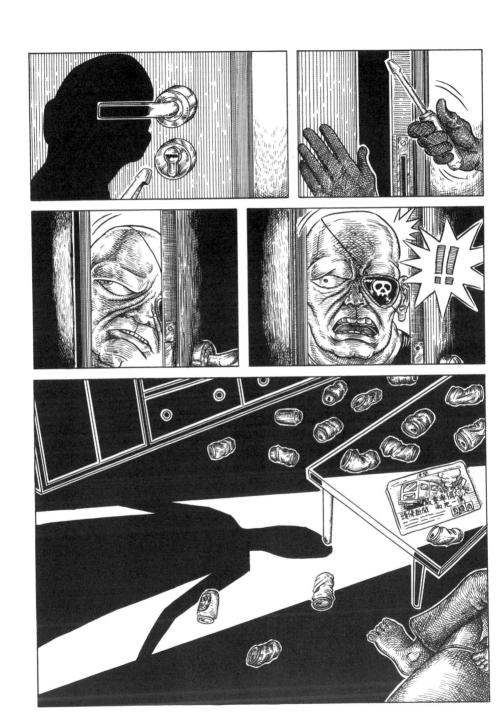

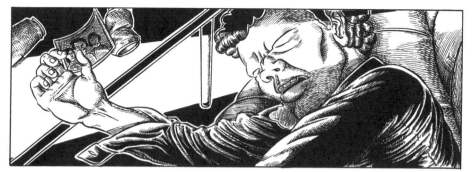

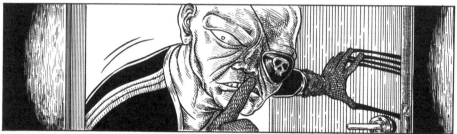

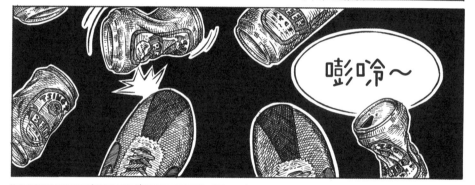

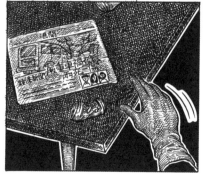

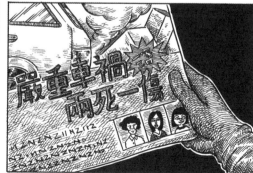

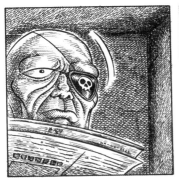
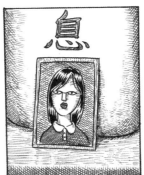
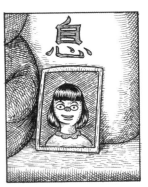
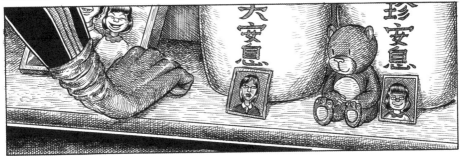
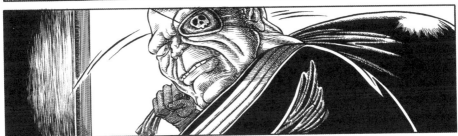
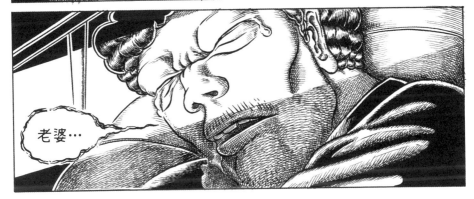

老婆…

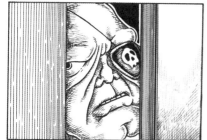
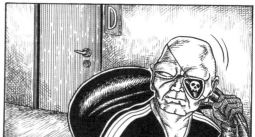
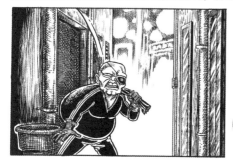
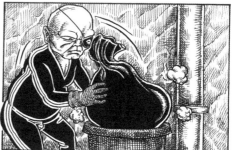
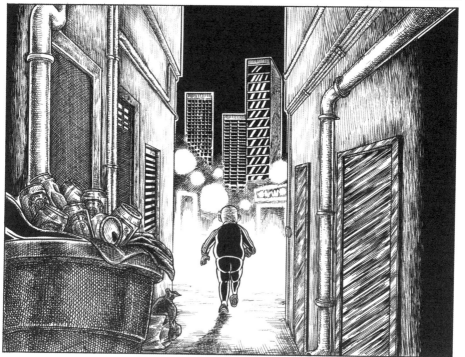

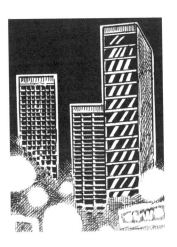

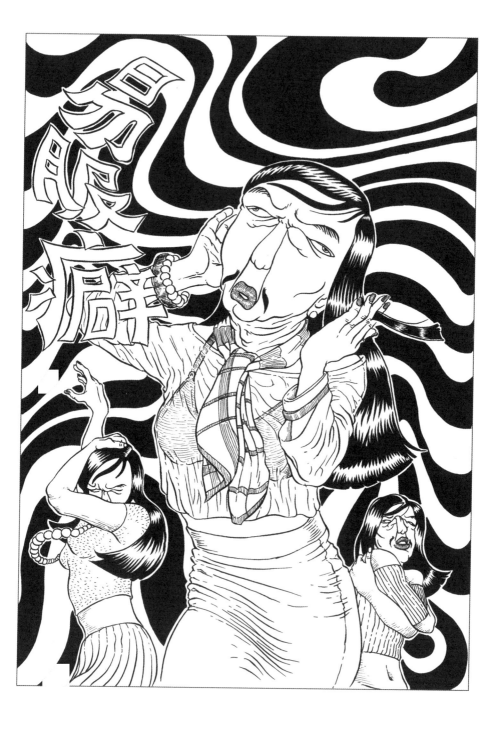

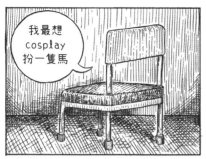

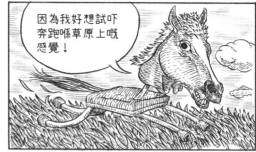

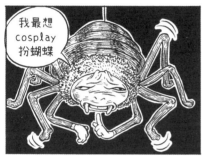

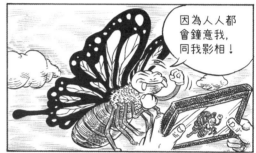

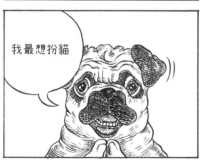

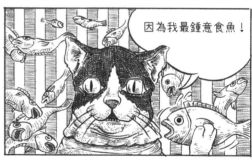

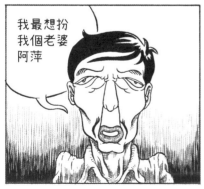

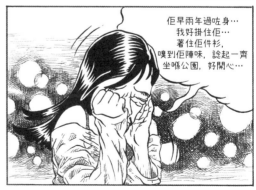

易服癖

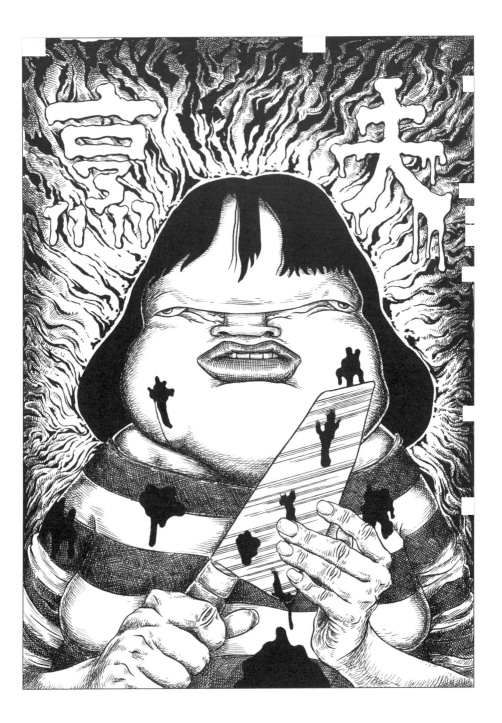

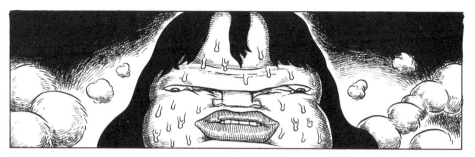

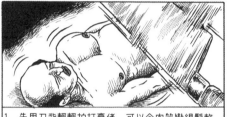

1. 先用刀背輕輕拍打衰佬, 可以令肉質變得鬆軟。

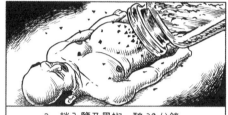

2. 拌入鹽及黑椒, 醃30分鐘。

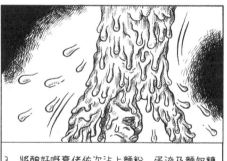

3. 將醃好嘅衰佬依次沾上麵粉、蛋液及麵包糠。

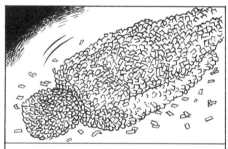

4. 以中火燒熱油鑊, 下炸約6分鐘, 取出, 瀝油。

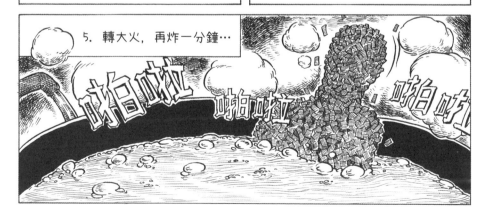

5. 轉大火, 再炸一分鐘⋯

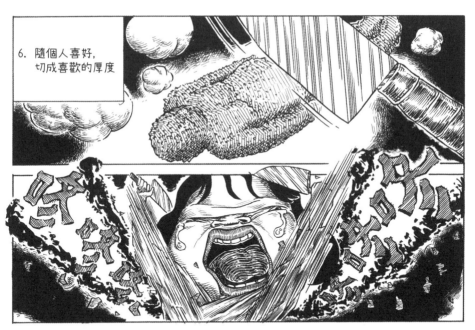

6. 隨個人喜好,
   切成喜歡的厚度

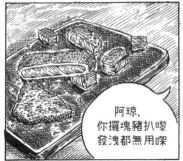

阿琼,
你攞塊豬扒嚟
發洩都無用㗎

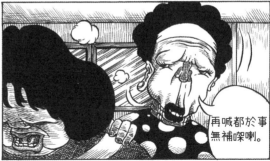

再喊都於事
無補㗎喇。

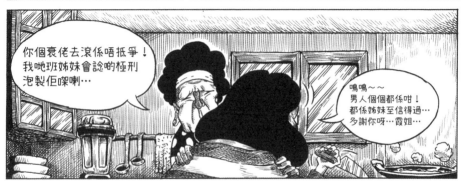

你個衰佬去滾係唔抵爭!
我哋班姊妹會諗啲極刑
泡製佢㗎喇…

嗚嗚~~
男係個個都係咁!
都係姊妹至信得過…
多謝你呀…霞姐…

男人個個都係咁？

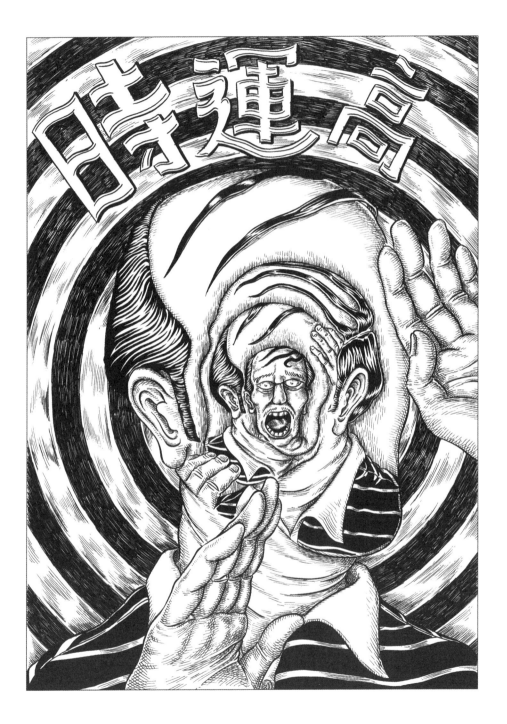

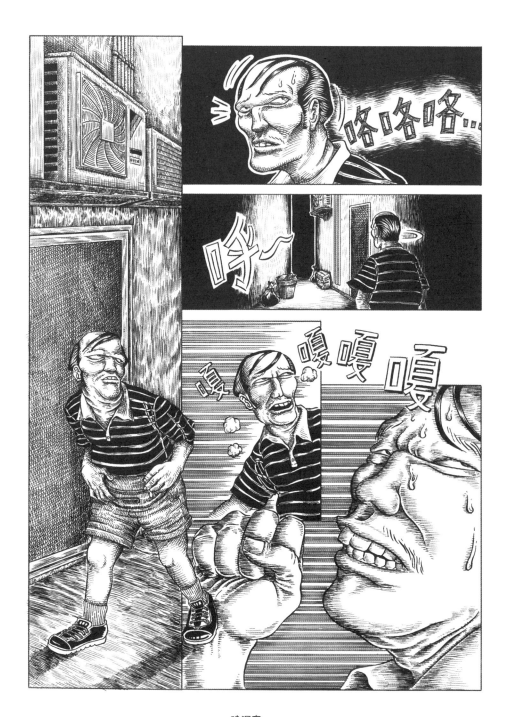

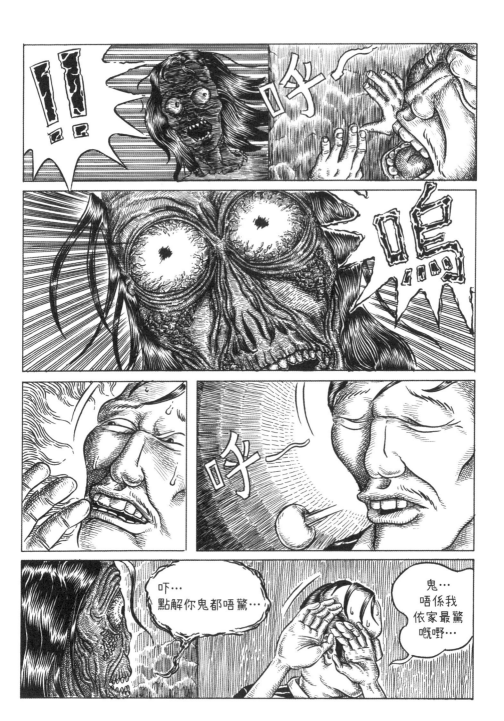

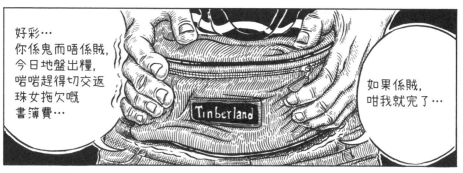

好彩…
你係鬼而唔係賊,
今日地盤出糧,
啱啱趕得切交返
珠女拖欠嘅
書簿費…

Tinberland

如果係賊,
咁我就完了…

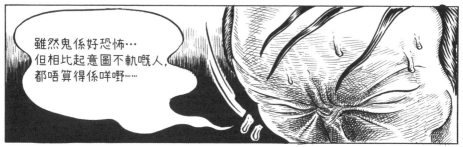

雖然鬼係好恐怖…
但相比起意圖不軌嘅人,
都唔算得係咩嘢……

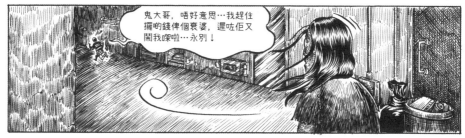

鬼大哥,唔好意思…我趕住
攞啲錢俾個衰婆,遲咗佢又
鬧我㗎啦…永別!

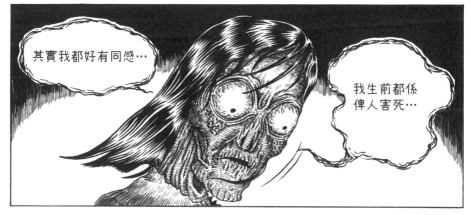

其實我都好有同感…

我生前都係
俾人害死…

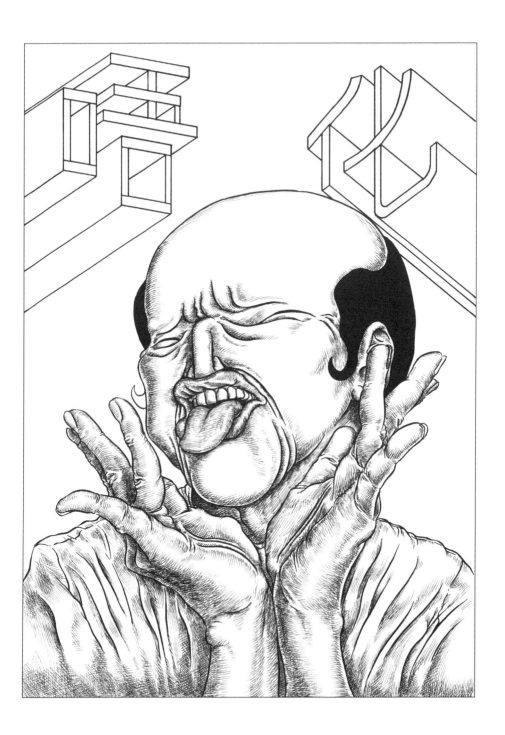

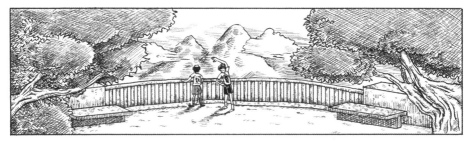

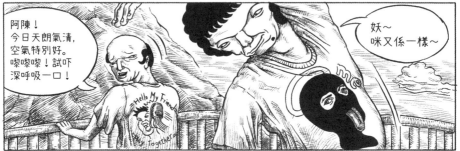

阿陳！
今日天朗氣清，
空氣特別好。
嘭嘭嘭！試吓
深呼吸一口！

妖～
咪又係一樣～

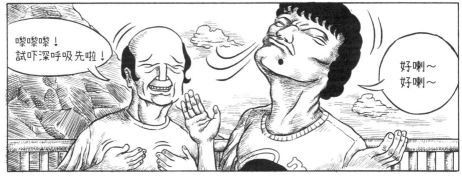

嘭嘭嘭！
試吓深呼吸先啦！

好喇～
好喇～

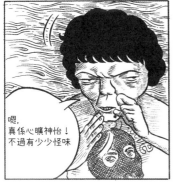

嗯，
真係心曠神怡！
不過有少少怪味

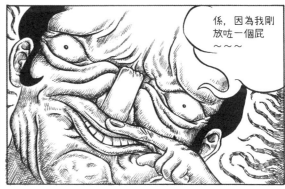

係，因為我剛
放咗一個屁
～～～

唔化

171

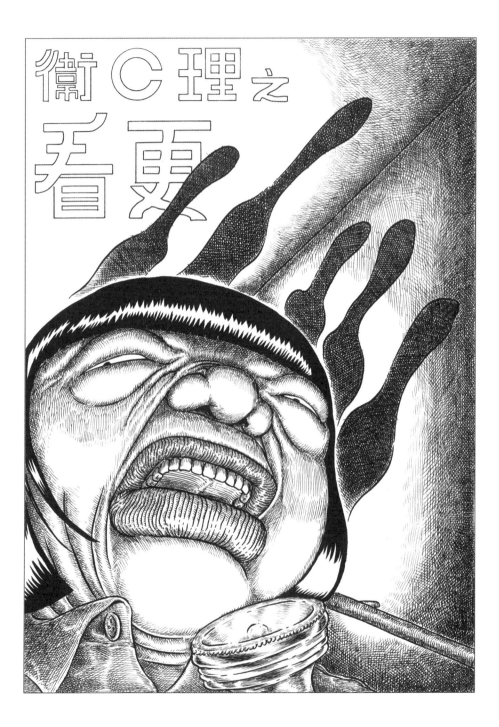

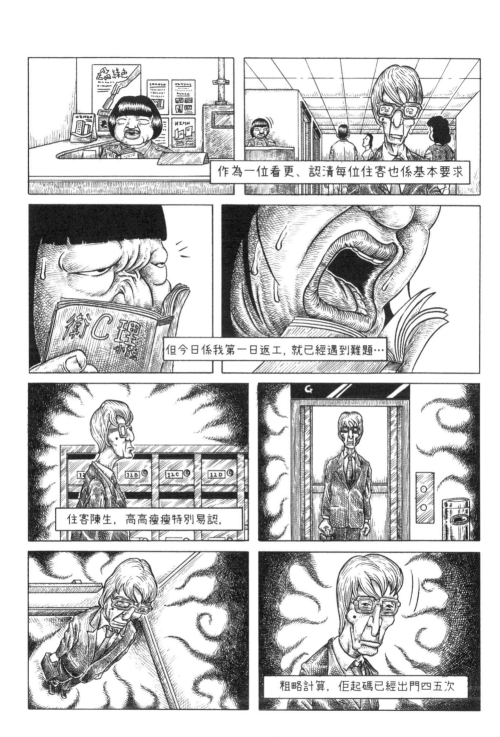

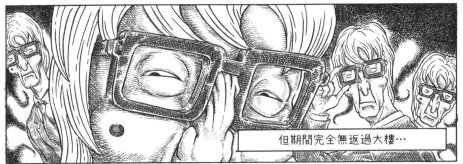

但期間完全無返過大樓…

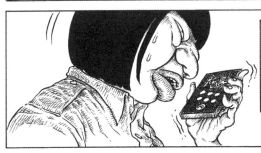

即刻打畀上任看更索吓料…
證實真係有呢個住客存在，
但佢唔係五胞胎又唔係鬼魂，
而且上任從來無遇到咁嘅怪事…

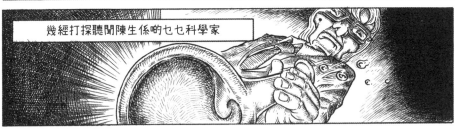

幾經打探聽聞陳生係啲乜乜科學家

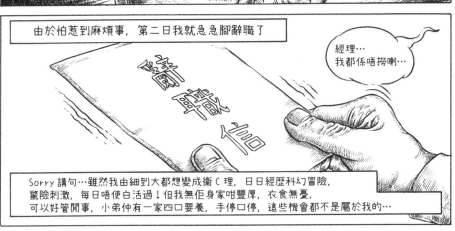

由於怕惹到麻煩事，第二日我就急急腳辭職了

經理…
我都係唔撈喇…

Sorry 講句…雖然我由細到大都想變成衞 C 理，日日經歷科幻冒險，
驚險刺激，每日唔使白活過！但我無佢身家咁豐厚，衣食無憂，
可以好管閒事，小弟仲有一家四口要養，手停口停，這些機會都不是屬於我的…

不少人喜歡閱讀倪匡先生的衛斯理小說，更夢想成為衛斯理，但好像想成為原振俠、亞洲之鷹或木蘭花的，都未有很多。

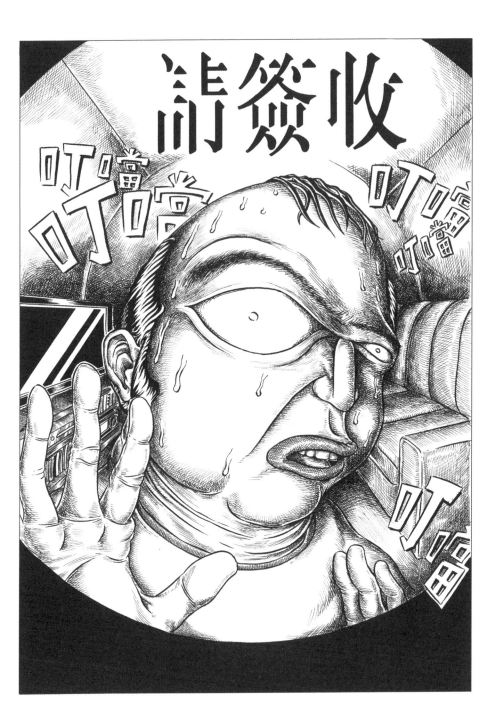

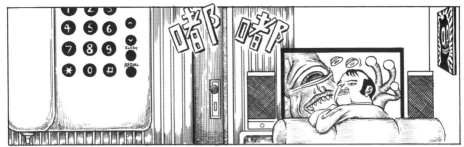

嘟嘟

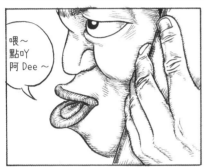

喂~
點吖
阿 Dee～

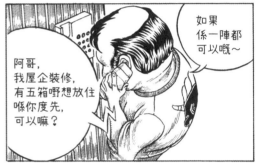

阿哥,
我屋企裝修,
有五箱嘢想放住
喺你度先,
可以嘛?

如果
係一陣都
可以嘅～

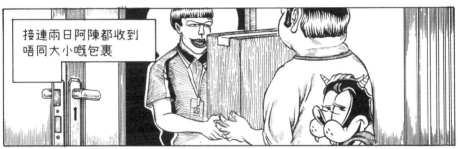

接連兩日阿陳都收到
唔同大小嘅包裹

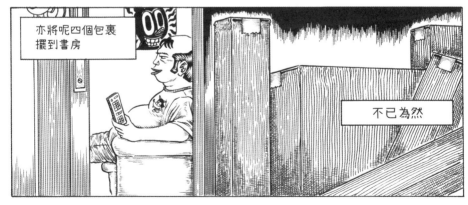

亦將呢四個包裹
擺到書房

不已為然

請簽收

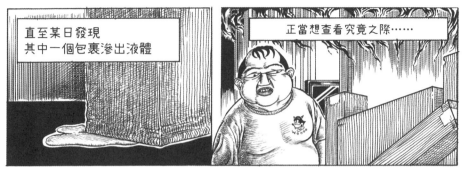

直至某日發現
其中一個包裹滲出液體

正當想查看究竟之際……

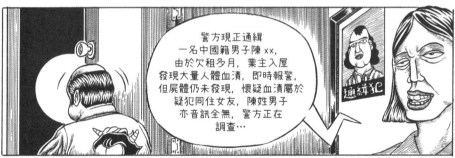

警方現正通緝
一名中國籍男子陳xx,
由於欠租多月, 業主入屋
發現大量人體血漬, 即時報警,
但屍體仍未發現, 懷疑血漬屬於
疑犯同住女友, 陳姓男子
亦音訊全無, 警方正在
調查…

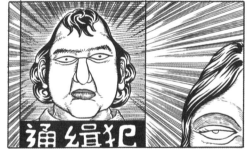

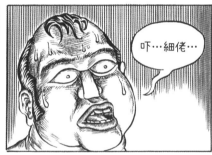

吓…細佬…

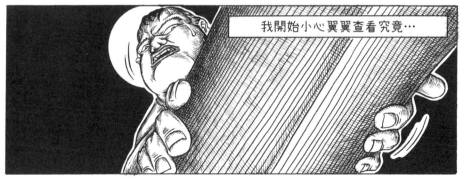

我開始小心翼翼查看究竟…

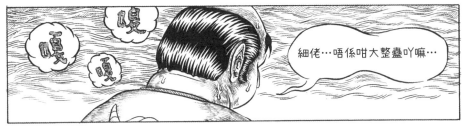

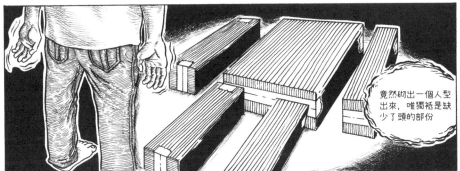

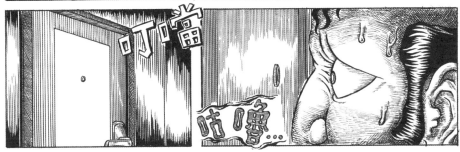

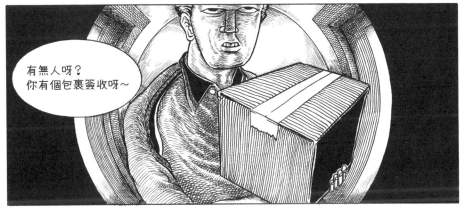

50^

50

30

10

0

50^

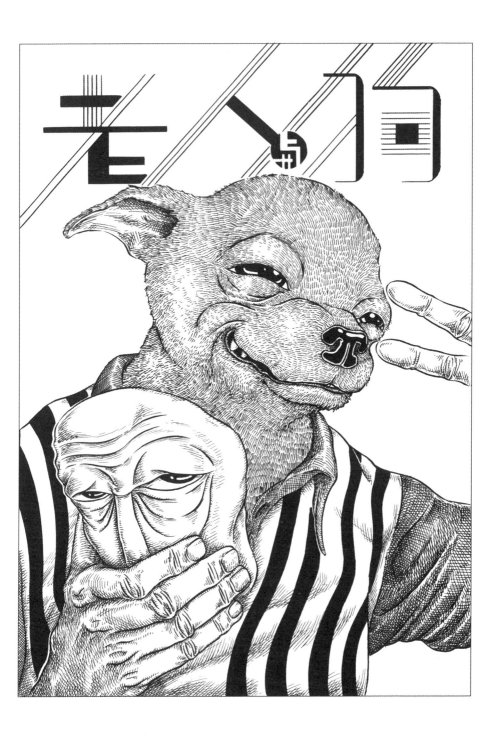

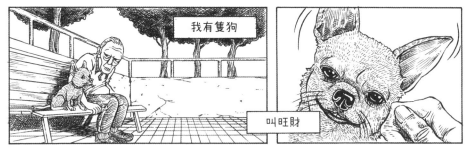

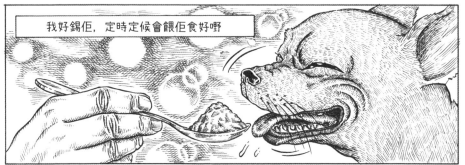

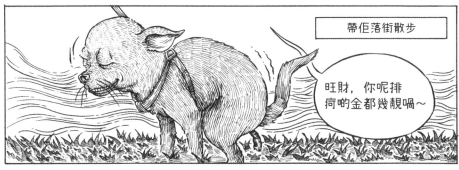

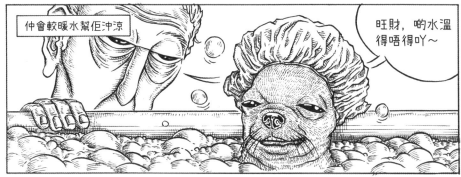

老人與狗

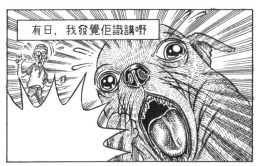

有日，我發覺佢識講嘢

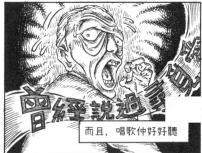

而且，唱歌仲好好聽

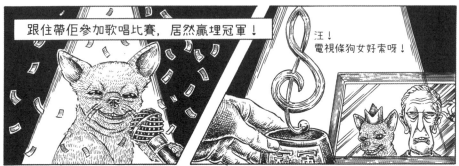

跟住帶佢參加歌唱比賽，居然贏埋冠軍！

汪！
電視條狗女好索呀！

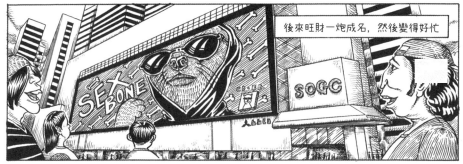

後來旺財一炮成名，然後變得好忙

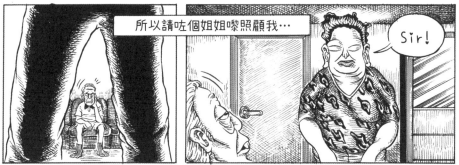

所以請咗個姐姐嚟照顧我…

Sir！

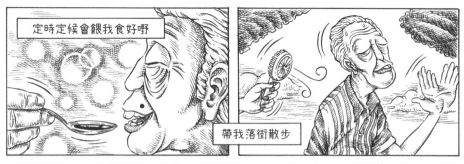

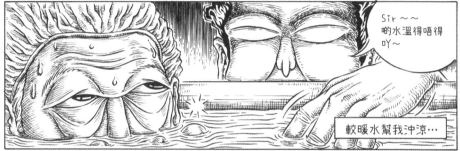

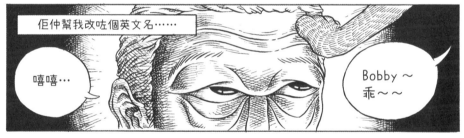

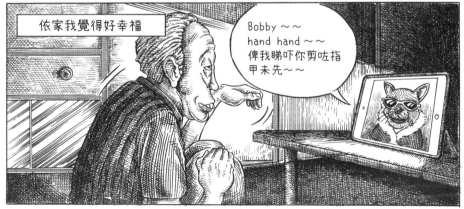

老人與狗
185

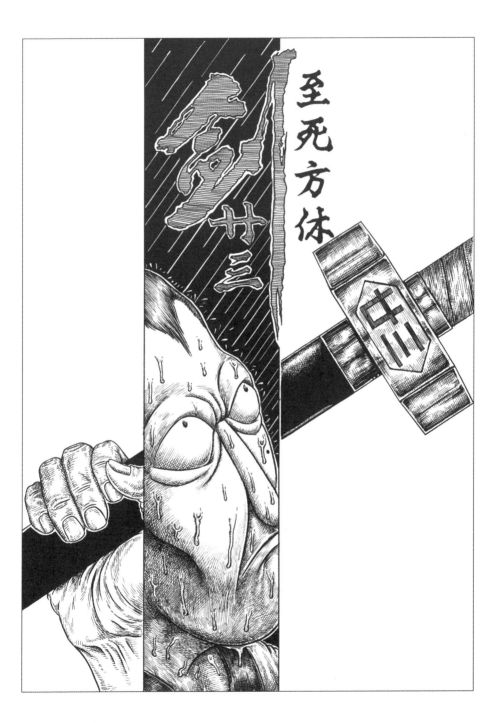

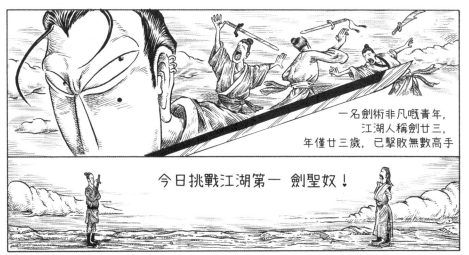

一名劍術非凡嘅青年，
江湖人稱劍廿三，
年僅廿三歲，已擊敗無數高手

今日挑戰江湖第一 劍聖奴！

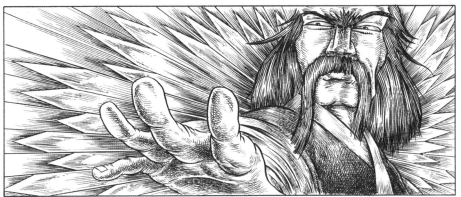

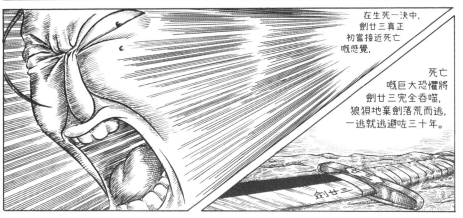

在生死一決中，
劍廿三真正
初嘗接近死亡
嘅感覺，

死亡
嘅巨大恐懼將
劍廿三完全吞噬，
狼狽地棄劍落荒而逃，
一逃就逃避咗三十年。

劍廿三

至死方休 劍廿三

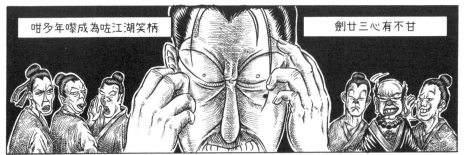

咁多年嚟成為咗江湖笑柄

劍廿三心有不甘

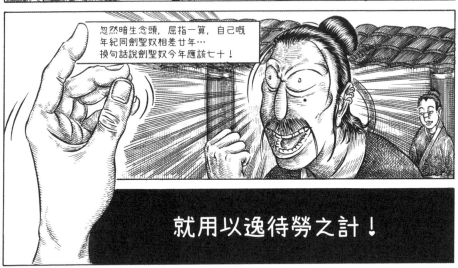

忽然暗生念頭，屈指一算，自己嘅
年紀同劍聖奴相差廿年…
換句話說劍聖奴今年應該七十！

就用以逸待勞之計！

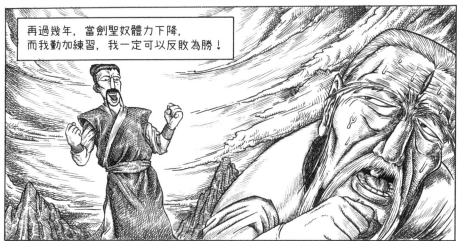

再過幾年，當劍聖奴體力下降，
而我勤加練習，我一定可以反敗為勝！

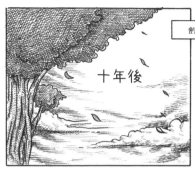

十年後

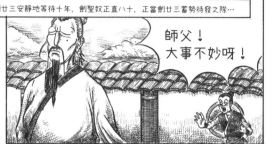

劍廿三安靜地等待十年，劍聖奴正直直八十，正當劍廿三蓄勢待殺之際…

師父！
大事不妙呀！

師父！
從江湖人仕口中得知十日前，
劍聖奴以一敵十，
將十個高手打得落花流水！

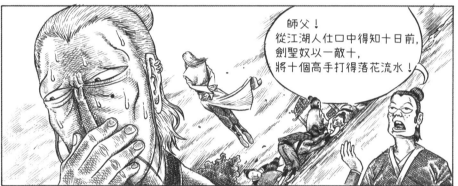

劍廿三心裏一寒，認為時機未到，
如是者前後再拖廿年……

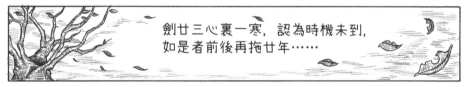

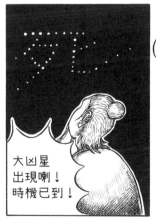

大凶星
出現喇！
時機已到！

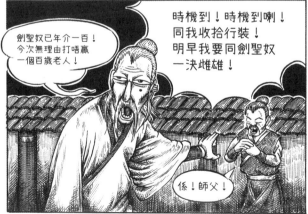

劍聖奴已年介一百！
今次無理由打唔贏
一個百歲老人！

時機到！時機到喇！
同我收拾行裝！
明早我要同劍聖奴
一決雌雄！

係！師父！

至死方休 劍廿三

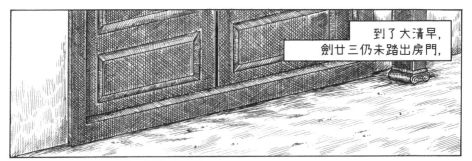

到了大清早，
劍廿三仍未踏出房門，

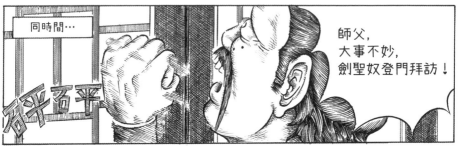

同時間…

師父，
大事不妙，
劍聖奴登門拜訪！

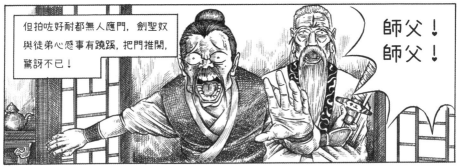

但拍咗好耐都無人應門，劍聖奴
與徒弟心感事有蹺蹊，把門推開，
驚訝不已！

師父！
師父！

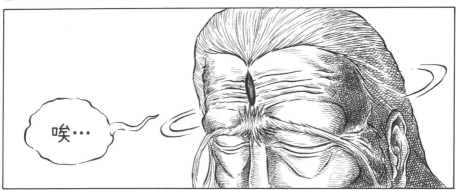

唉…

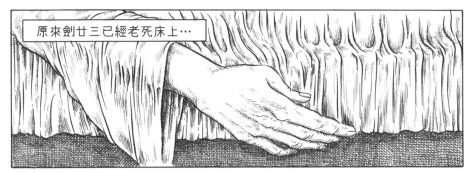

原來劍廿三已經老死床上…

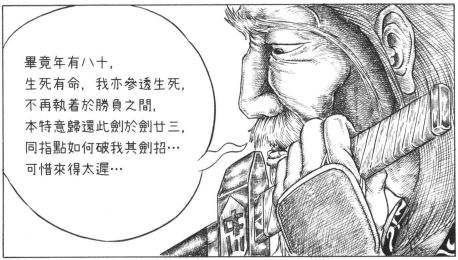

畢竟年有八十，
生死有命，我亦參透生死，
不再執着於勝負之間，
本特意歸還此劍於劍廿三，
同指點如何破我其劍招…
可惜來得太遲…

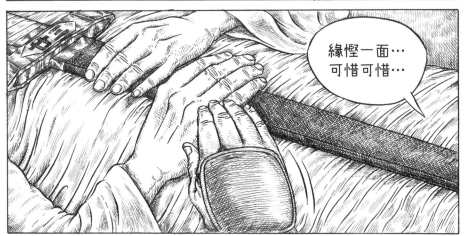

緣慳一面…
可惜可惜…

至死方休 劍廿三

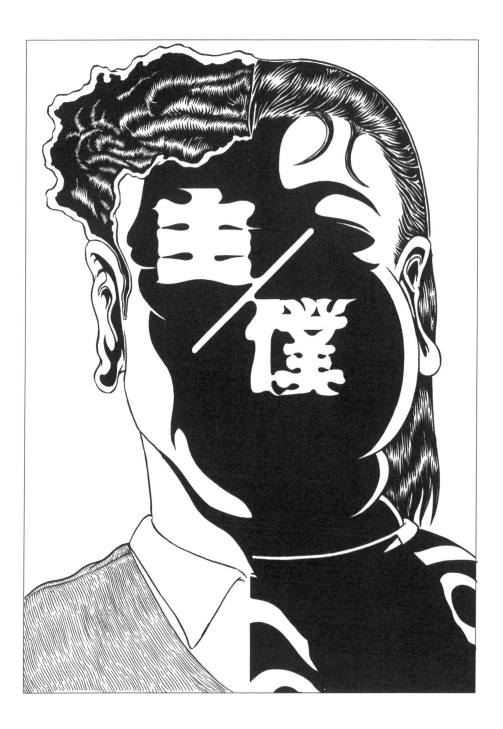

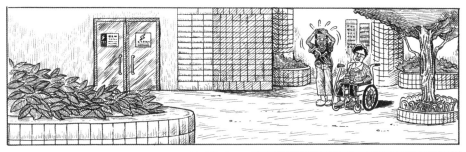

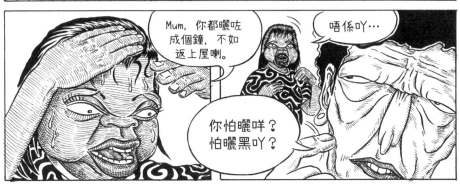

Mum, 你都曬咗成個鐘, 不如返上屋喇。

唔係吖…

你怕曬咩? 怕曬黑吖?

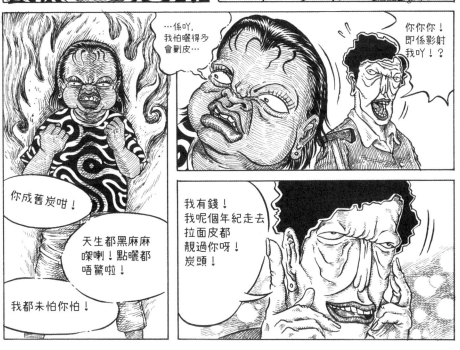

…係吖, 我怕曬得多會劉皮…

你你你! 即係影射我吖!?

你成舊炭咁!

天生都黑麻麻㗎喇! 點曬都唔驚啦!

我都未怕你怕!

我有錢! 我呢個年紀走去拉面皮都靚過你呀! 炭頭!

主與僕

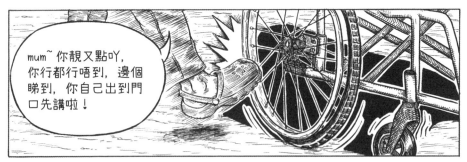

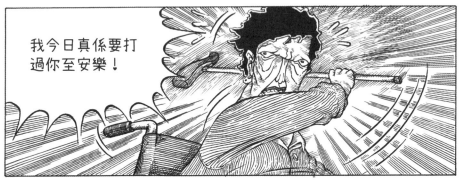

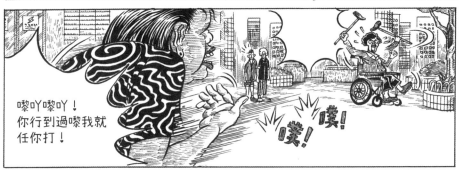

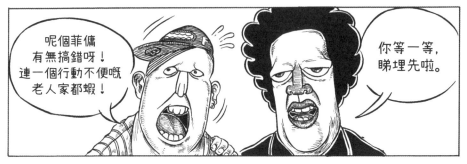

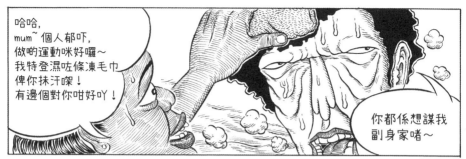

哈哈,
mum~個人郁吓,
做啲運動咪好囉~
我特登濕咗條凍毛巾
俾你抹汗㗎!
有邊個對你咁好吖!

你都係想謀我
副身家啫~

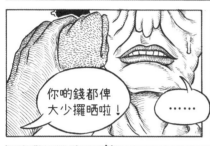

你啲錢都俾
大少攞晒啦!

……

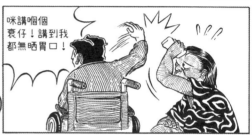

咪講嗰個
衰仔!講到我
都無晒胃口!

真係咩?
我買咗你最鐘意食嘅
鎗魚喎~
咁我食埋佢啦!

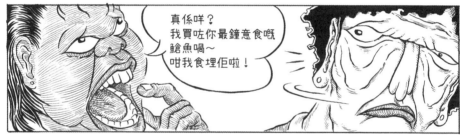

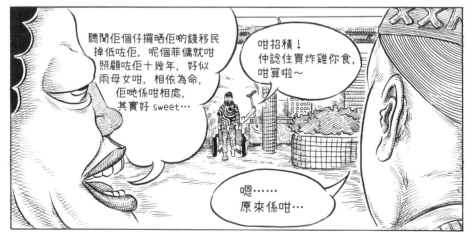

聽聞佢個仔攞晒佢啲錢移民
掉低咗佢,呢個菲傭就咁
照顧咗佢十幾年,好似
兩母女咁,相依為命,
佢哋係咁相處,
其實好 sweet…

咁招積!
仲諗住買炸雞你食,
咁算啦~

嗯……
原來係咁…

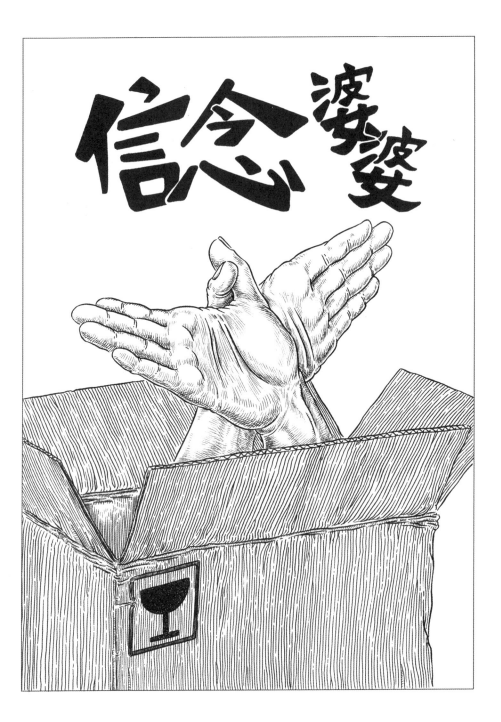

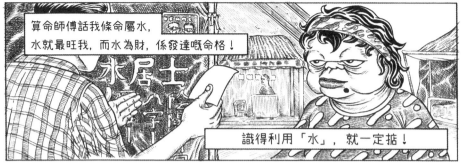

算命師傅話我條命屬水，
水就最旺我，而水為財，係發達嘅命格！

識得利用「水」，就一定掂！

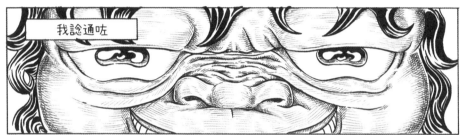

我諗通咗

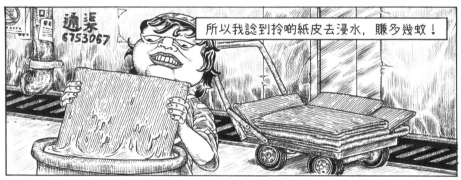

所以我諗到拎啲紙皮去浸水，賺多幾蚊！

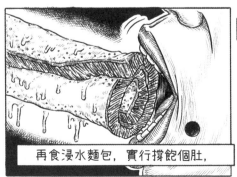

再食浸水麵包，實行撐飽個肚，

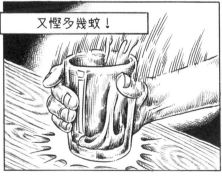

又慳多幾蚊！

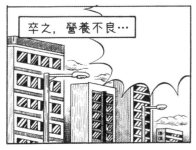

卒之，營養不良…

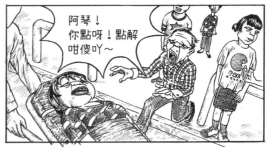

阿琴！
你點呀！點解
咁傻吖～

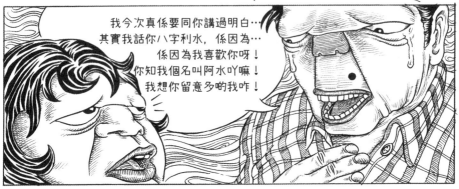

我今次真係要同你講過明白…
其實我話你八字利水，係因為…
係因為我喜歡你呀！
你知我個名叫阿水吖嘛！
我想你留意多啲我咋！

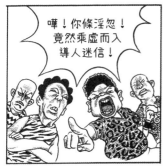

嘩！你條淫忽！
竟然乘虛而入
導人迷信！

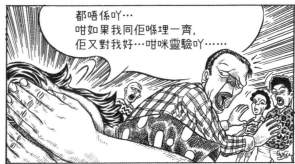

都唔係吖…
咁如果我同佢喺埋一齊，
佢又對我好…咁咪靈驗吖……

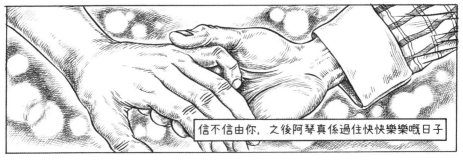

信不信由你，之後阿琴真係過住快快樂樂嘅日子

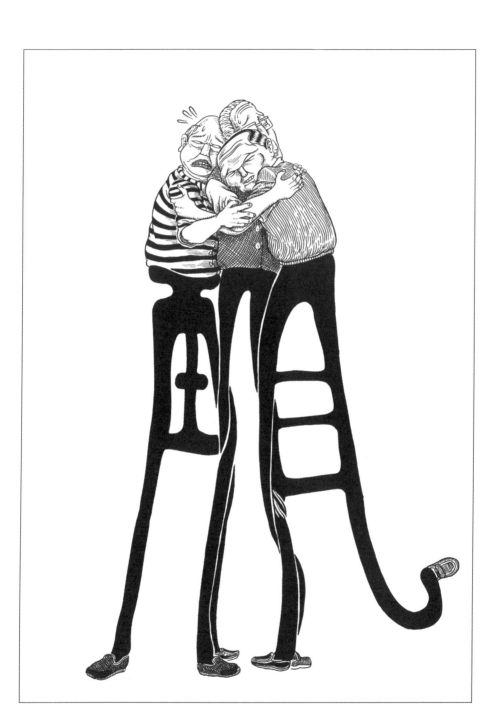

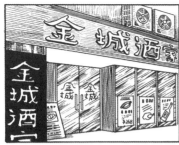

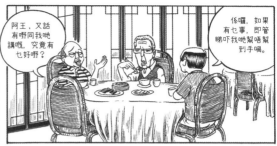
阿王，又話有嘢同我哋講嘅，究竟有乜好呀？

係囉，如果有乜事，即管睇吓我哋幫唔幫到手喎。

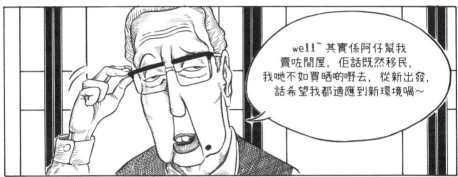
well~ 其實係阿仔幫我賣咗間屋，佢話既然移民，我哋不如買晒啲嘢去，從新出發，話希望我都適應到新環境喎～

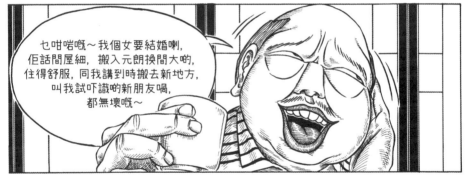
乜咁啱嘅～我個女要結婚喇，佢話間屋細，搬入元朗換間大啲，住得舒服，同我講到時搬去新地方，叫我試吓識啲新朋友喎，都無壞嘅～

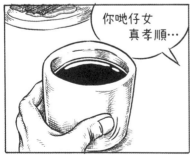
你哋仔女真孝順…

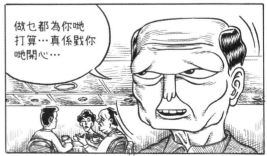
做乜都為你哋打算…真係戥你哋開心…

再見

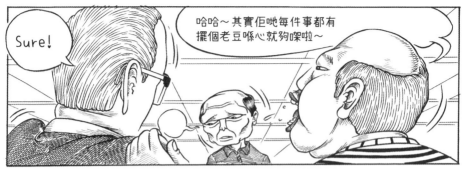

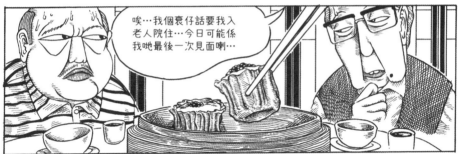

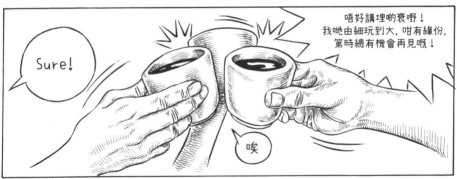

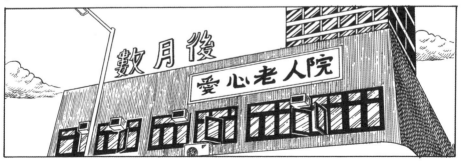

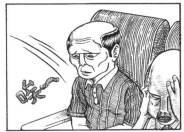
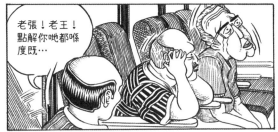
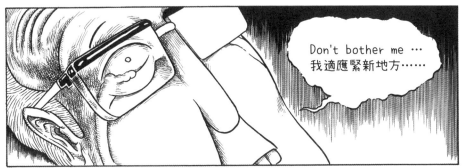
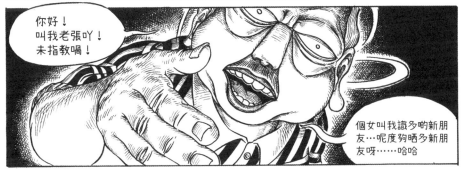
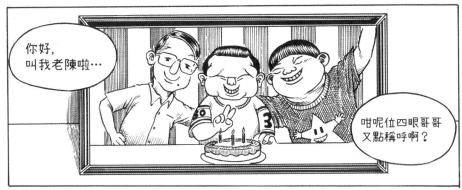

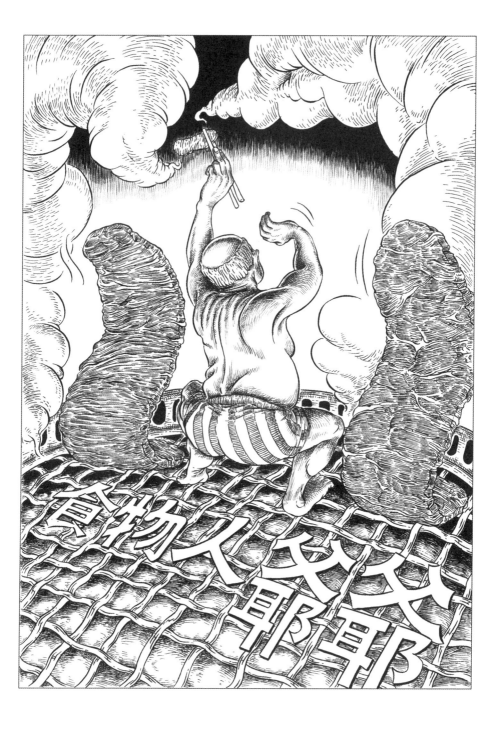

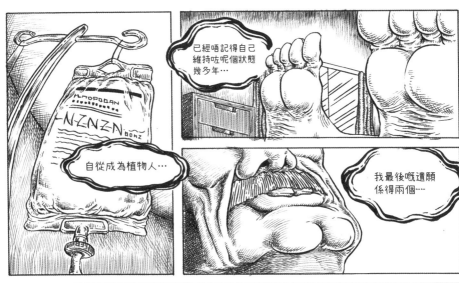

已經唔記得自己維持咗呢個狀態幾多年⋯

自從成為植物人⋯

我最後嘅遺願係得兩個⋯⋯

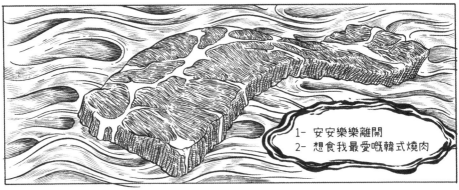

1- 安安樂樂離開
2- 想食我最愛嘅韓式燒肉

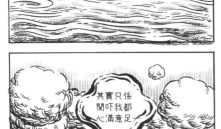

其實只係聞吓我都心滿意足⋯

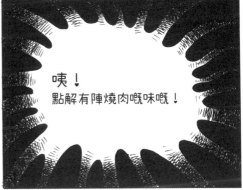

咦！
點解有陣燒肉嘅味嘅！

食物人爺爺

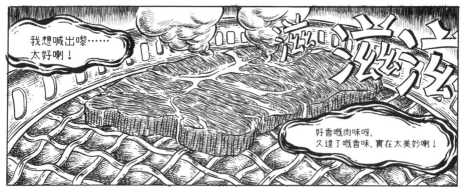

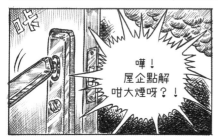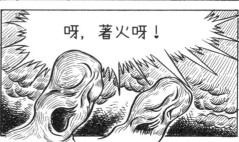

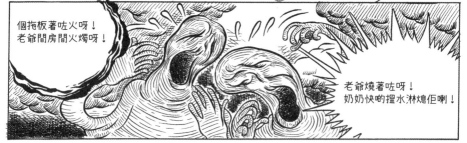

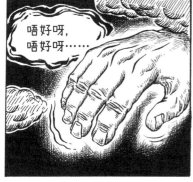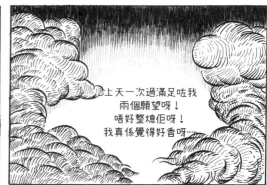

到時老咗可能都一樣想法

?

50^

50

30

10

0

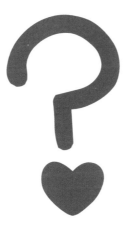

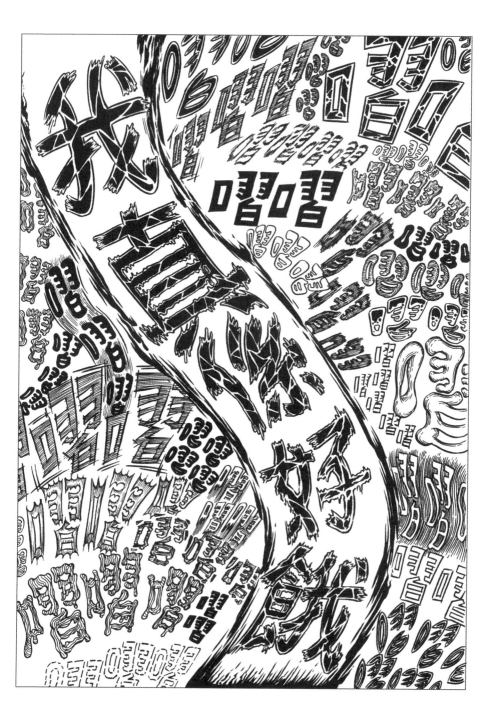

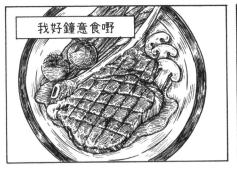

我好鐘意食嘢

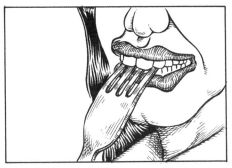

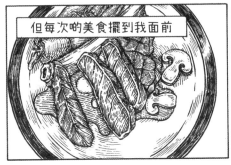

但每次啲美食擺到我面前

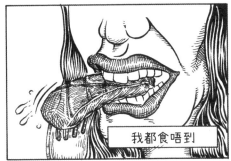

我都食唔到

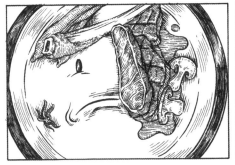

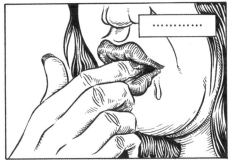

．．．．．．．．．．．．

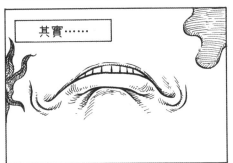

其實……

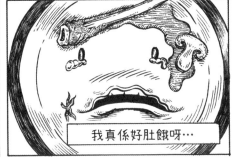

我真係好肚餓呀…

我真係好餓

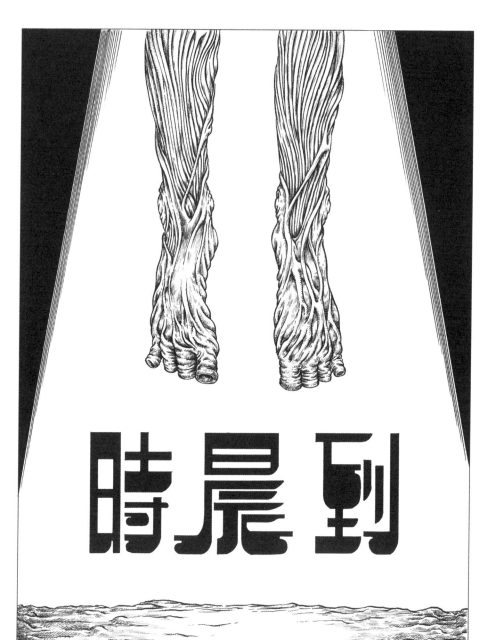

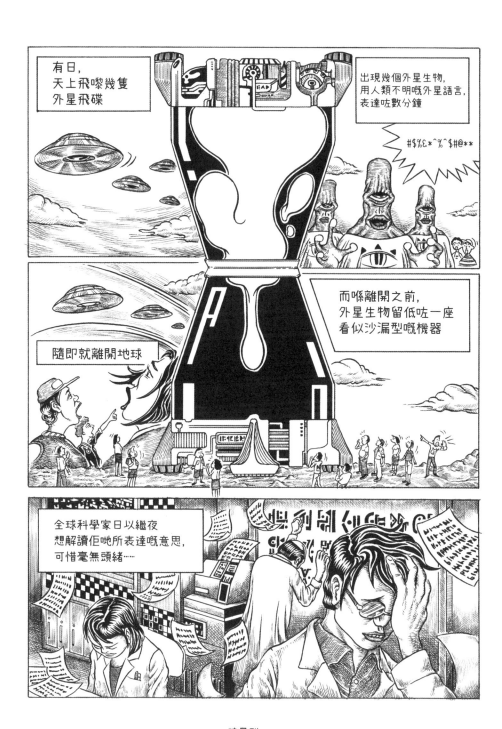

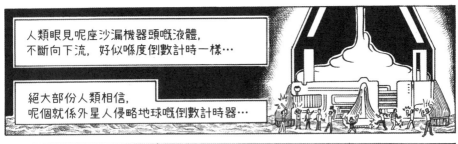

人類眼見呢座沙漏機器頭嘅液體，不斷向下流，好似喺度倒數計時一樣⋯

絕大部份人類相信，呢個就係外星人侵略地球嘅倒數計時器⋯

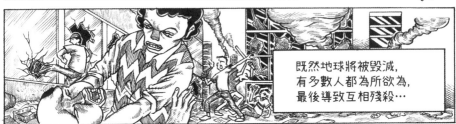

既然地球將被毀滅，有多數人都為所欲為，最後導致互相殘殺⋯

終於喺機械沙漏流完嗰一日⋯

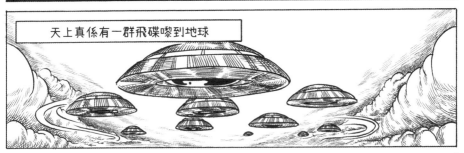

天上真係有一群飛碟嚟到地球

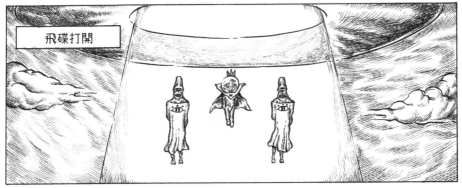

飛碟打開

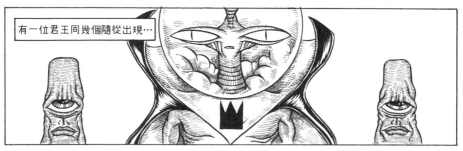

有一位君王同幾個隨從出現…

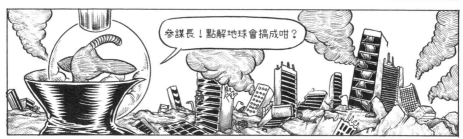

參謀長！點解地球會搞成咁？

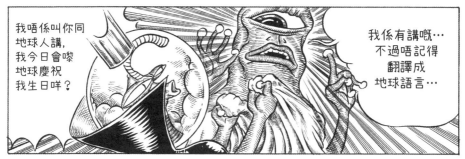

我唔係叫你同地球人講，我今日會嚟地球慶祝我生日咩？

我係有講嘅…不過唔記得翻譯成地球語言…

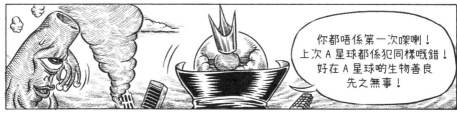

你都唔係第一次㗎喇！上次 A 星球都係犯同樣嘅錯！好在 A 星球啲生物善良先之無事！

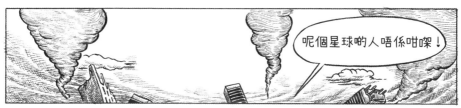

呢個星球啲人唔係咁㗎！

時晨到

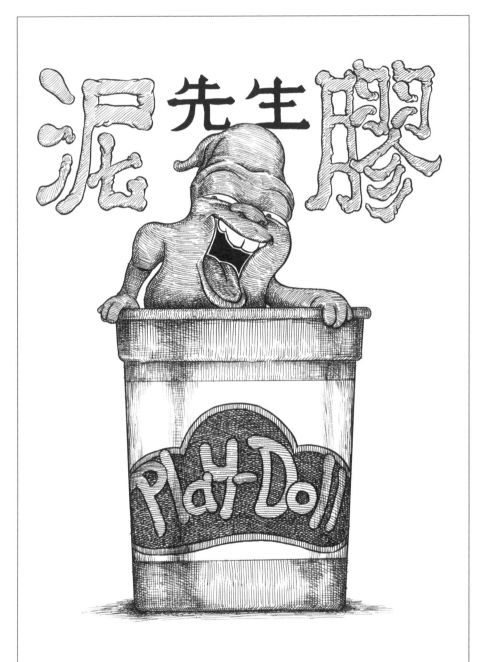

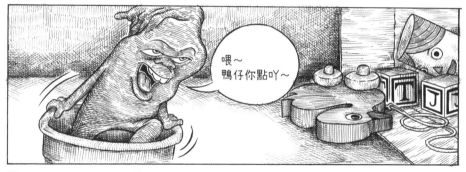

喂～
鴨仔你點吖～

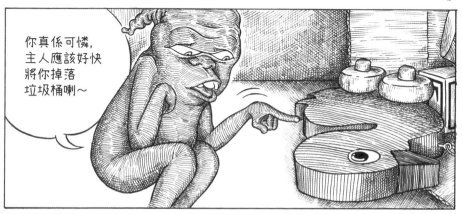

你真係可憐,
主人應該好快
將你掉落
垃圾桶喇～

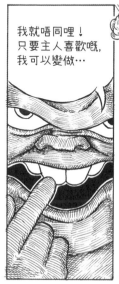

我就唔同哩!
只要主人喜歡嘅,
我可以變做…

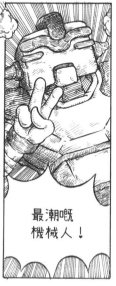

最潮嘅
機械人!

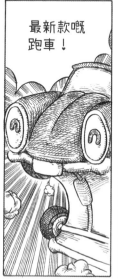

最新款嘅
跑車!

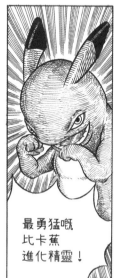

最勇猛嘅
比卡蕉
進化精靈!

泥膠先生

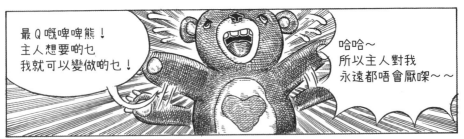

最Q嘅啤啤熊!
主人想要啲乜
我就可以變做啲乜!

哈哈～
所以主人對我
永遠都唔會厭㗎～～

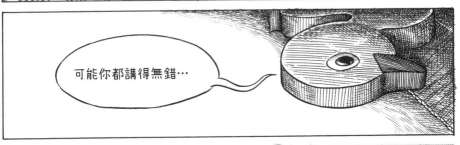

可能你都講得無錯…

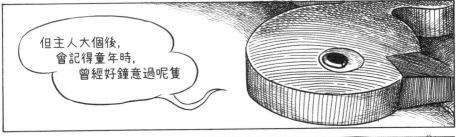

但主人大個後,
會記得童年時,
曾經好鍾意過呢隻

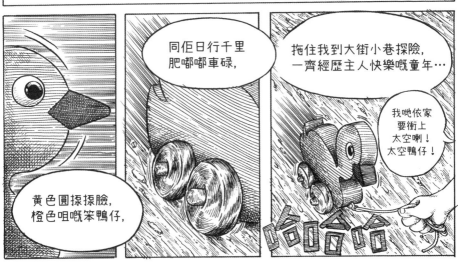

黃色圓揉揉臉,
橙色咀嘅笨鴨仔,

同佢日行千里
肥嘟嘟車碌,

拖住我到大街小巷探險,
一齊經歷主人快樂嘅童年…

我哋依家
要衝上
太空喇!
太空鴨仔!

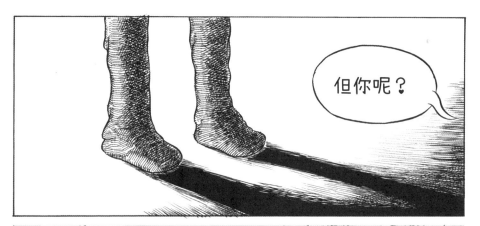

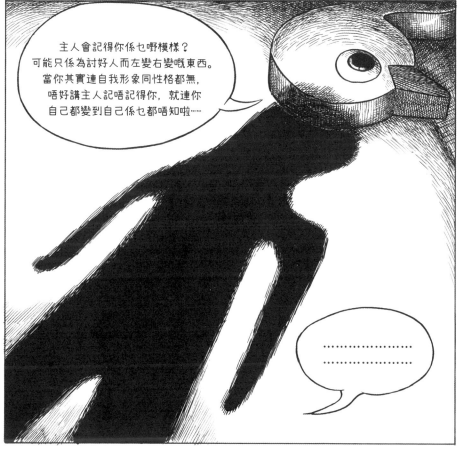

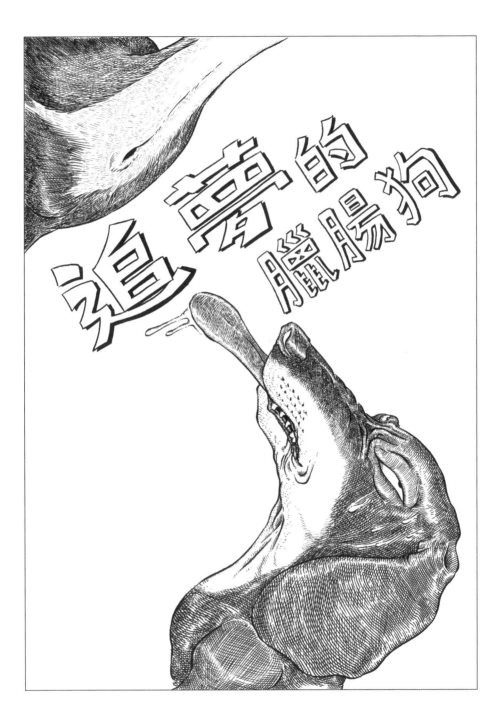

追夢的臘腸狗

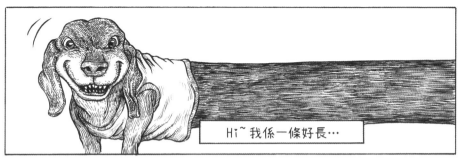

Hi~ 我係一條好長…

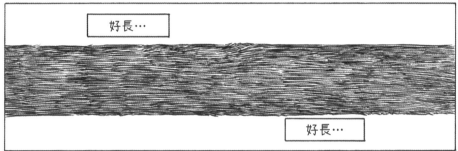

好長…

好長…

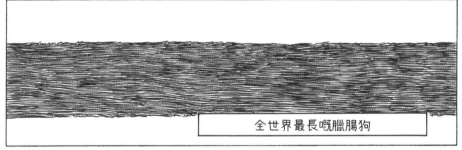

全世界最長嘅臘腸狗

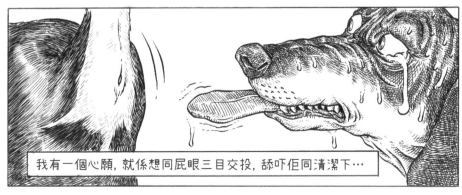

我有一個心願, 就係想同屁眼三目交投, 舔吓佢同清潔下…

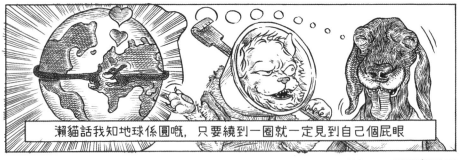

瀨貓話我知地球係圓嘅，只要繞到一圈就一定見到自己個屁眼

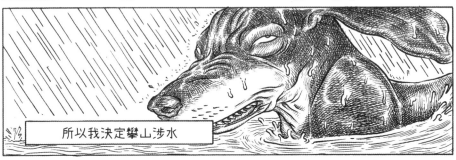

所以我決定攀山涉水

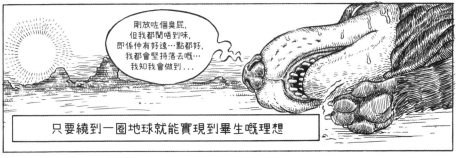

剛放咗個臭屁，但我都聞唔到味，即係仲有好遠，點都好，我都會堅持落去嘅…我知我會做到...

只要繞到一圈地球就能實現到畢生嘅理想

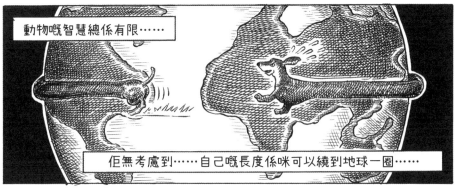

動物嘅智慧總係有限……

佢無考慮到……自己嘅長度係咪可以繞到地球一圈……

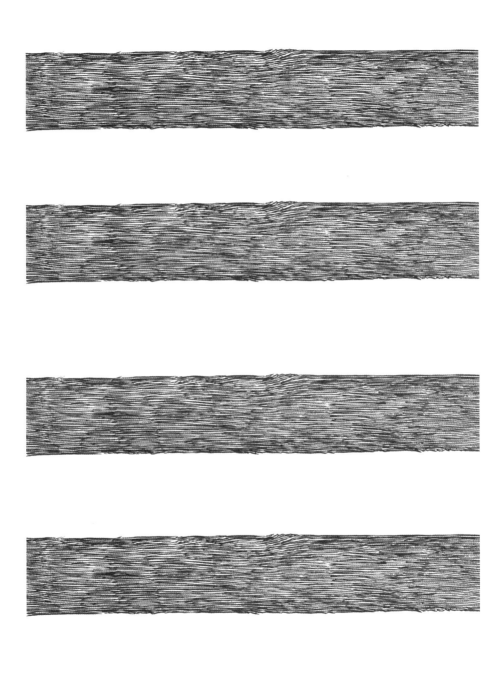

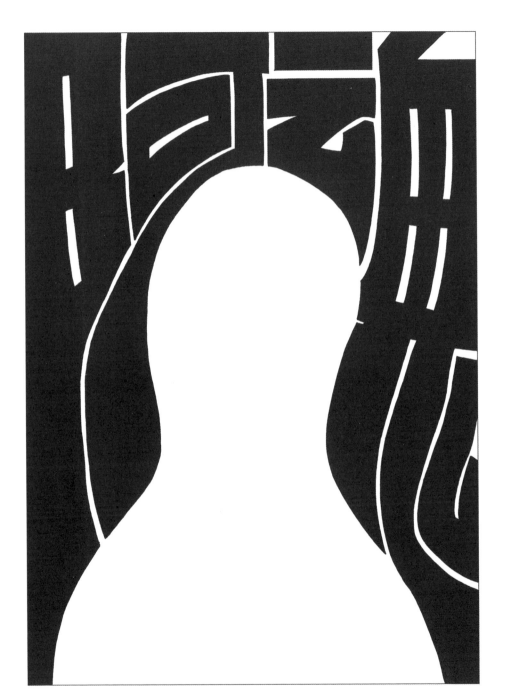

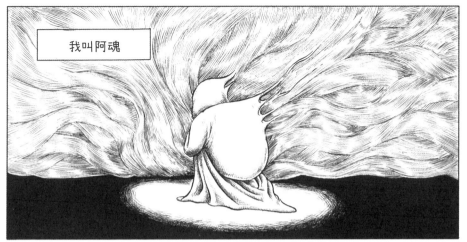

我叫阿魂

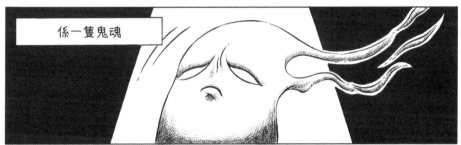

係一隻鬼魂

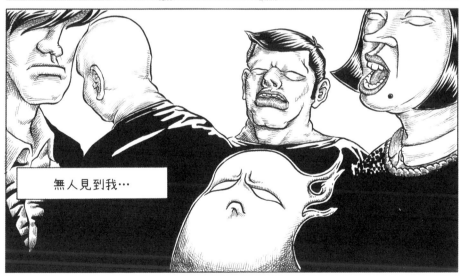

無人見到我…

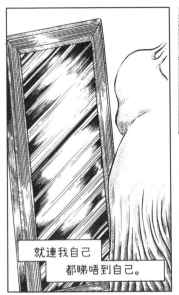

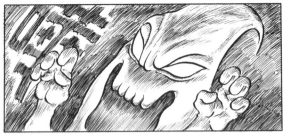

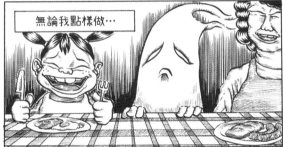

就連我自己
　　都睇唔到自己。

無論我點樣做…

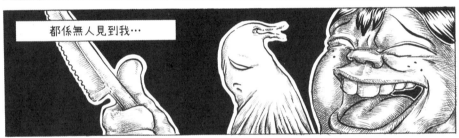

都係無人見到我…

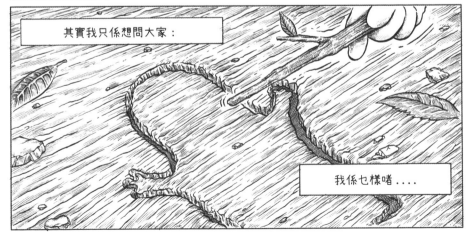

其實我只係想問大家：

我係乜樣嘅....

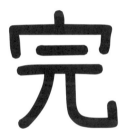

原作／插畫：Chris FONG
內文協力：棉

出版：今日出版有限公司
地址：香港 柴灣 康民街 2 號 康民工業中心 1408 室
電話：(852) 3105-0332
電郵：info@todaypublications.com.hk
網址：www.todaypublications.com.hk
Facebook 關鍵字：Today Publications 今日出版

發行：泛華發行代理有限公司
地址：香港 新界 將軍澳工業村 駿昌街 7 號 2 樓
電話：(852) 2798-2220
網址：www.gccd.com.hk

印刷：新世紀印刷實業有限公司
地址：柴灣利眾街 44 號 四興隆工業大廈 13 樓 A 室
電話：2284-6783

圖書分類：流行讀物／漫畫／繪本
初版日期：2023 年 7 月
I S B N：978-988-75866-5-4
定　　價：港幣 88 元／新台幣 390 元